U0513091

文
景

Horizon

社 科 新 知　文 艺 新 潮

建制者与外来者

社区问题的一项社会学考察

The Established and the Outsiders

A Sociological Enquiry into Community Problems

Norbert Elias & John L. Scotson

著 者 ［德］诺贝特 · 埃利亚斯 ［英］约翰 · L. 斯科特森

译 者 方慧容

上海人民出版社

献给我们在莱斯特大学社会学系的朋友们，

他们给予了我们许多帮助与鼓励。

目　录

前　言

斯蒂芬·门内尔

《建制者与外来者》[1]于1965年首次出版。它源于1950年代末及

[1] 埃利亚斯这本名著的书名，国内已有多种译法。刘佳林在《论文明、权力与知识——诺贝特·埃利亚斯文选》中译为《定居者与外来者》（南京大学出版社，2005年，第11页）。李康在《西方社会学理论（下卷）》中译为《内局群体与外局群体：社区问题的一项社会学考察》（北京大学出版社，2006年，第208页）。刘仲翔在《布莱克维尔社会理论家指南》中译为《体制人与局外人：对社区问题的社会学探讨》（江苏人民出版社，2009年，第623页）。李康在解释他的译名时强调，"established"和"outsiders"有着丰富的意涵。"首先，它们不直接对应'定居者'与'外来者'，因为先来后到与文化格局中的权力关系不存在完全对应的关系。其次，我们也不能简单地将这两类群体理解为'局内人'与'局外人'。……恰恰是由于后者'积极'认同于公共舆论强加于自身的'污名'……亲自参与了这种权力关系格局的构型。也就是说，在这整个'局'中，有的只是居于内核、把持文化表达的'内局群体'与处于边缘、接受并巩固文化表达所体现出的权力关系的'外局群体'。"（第208页）李康强调"established"的含义远远多于"定居者"是对的，但是"局"这一形象、中文表达鲜明的词汇，与英文"established"中包含的关键概念内容，如"垄断地方机构的关键职位、更大的凝聚力和团结性、更统一和详尽的规范和信仰，以及相伴随的、来自内部和外部的更严格的纪律——这一切所带来的权力。更大的凝聚力、团结性、规范的统一和自我纪律有助于维持垄断"（见本书第九章结论第207页），太缺乏直接的对应性。"局"，中文原意是"棋局"，而棋局可以有各种形态，未必是一个高度整合的形态。比较而言，"体制人"这一翻译更直译贴近一些，但是"established"词义中还含有动态的、高度维护既有权力和规范的意涵，因此本书选择将"established"翻译成"建制者"。用"局外人"翻译"outsiders"不太妥当，因为埃利亚斯强调"established"和"outsiders"是两个相互依存的群体，共同塑造了共处的构型。李康不建议"外来者"的译名，（转下页）

1960 年代初对莱斯特（Leicester）附近一个社区的研究，一位对青少年越轨（delinquency）有兴趣的当地中学教师约翰·斯科特森主持了该项调查。但在诺贝特·埃利亚斯手中，这项地方性研究被重新设计，以阐释人类社会中具有一般意义的社会过程，包括一群人如何垄断权力机会，并利用它们来排斥和污名化（stigmatise）另一个非常相似的群体的成员（如通过闲言碎语［gossip］这一强有力的媒介），以及在两个群体的集体"我群形象"（we-images）中这一点是如何被体验的。

十年后，埃利亚斯为这本书的荷兰语译本，用英语口述了一篇全新的长导言。这篇《关于建制者与外来者关系的理论论文》阐明了该理论如何可以被应用于一系列不断变化的人类不平等模式：阶级间、族群间、被殖民者和殖民者、男人和女人、父母和孩子、同性恋和异性恋的关系。多年来，人们一直认为这篇重要文章的部分英文文本已经遗失，但在 1994 年，全文被发现，最终版本由我和萨斯基娅·维瑟（Saskia Visser）整理而成。在本书中，这篇文章首次以英文出

（接上页）因为仅仅是外来者未必处于相互依存构型中权力弱势的地位，如本研究中第 1 区的大部分居民（中产阶级居民）。但是在埃利亚斯着重指出的"established"和"outsiders"关系发生的现代背景，即工业化、都市化和文明化的长期进程中，早定居者与外来者的遭遇是这种构型发生的最常见情况（见第九章结论第 203、211—212 页）。且"外来者"不仅有后来者的意思，还有在行为举止、交往仪式等方面异于早定居者的意思。因此，本书最后决定将"outsiders"翻译成"外来者"。相信读完全书的读者，可以更具体地了解哪些外来者可能陷入权力劣势的地位。在长篇导言进一步阐发"the established and the outsiders"范式适用的不平等关系时，"outsiders"的指代更加脱离了温斯顿帕尔瓦经验研究的情景，在翻译时就难以兼顾这种多重语义延伸了（埃利亚斯对建制者—外来者构型的主要特征总结见第 12—13 页）。——译注

版，完全按照埃利亚斯的口述，只有很小的编辑改动。在他去世前不久（1990 年），埃利亚斯为这本书的德文版增加了一个关于哈珀·李（Harper Lee）的《杀死一只知更鸟》（*To Kill a Mocking Bird*）的简短附录，此附录本书未收录。

于都柏林大学学院

1994 年 5 月

xi 序 言

诺贝特·埃利亚斯　约翰·L.斯科特森

《建制者与外来者》是对一个小型社区的研究，这个社区的核心是一个相对老的定居点，围绕它形成了两个较新的定居点。如许多其他调查一样，这次调查的起因是当地居民让我们注意到，某个街区（neighbourhood）一直有高于其他街区的越轨行为率（delinquency rate）。在当地，这个特定的街区被视为地位低下的越轨行为区（delinquency area）。当我们深入考察实际的证据并寻求解释时，我们的兴趣从越轨行为差异（delinquency differentials）转向街区特征的差异，以及它们彼此间的关系。在对温斯顿帕尔瓦（Winston Parva）这个有着三个迥异街区的微观世界进行深入探索的过程中，我们开始了解这个地方，并充分了解某些个体成员。这项研究变得越来越迷人——尤其当我们逐渐意识到其中一些问题具有范式特征时：它们揭示了人们在整个社会中经常遇到的更大规模的问题。

事实证明，研究兴趣从越轨行为转到社区内不同街区间的关系这一更宽泛的问题，避免了可能的精力浪费。在研究的第三年，两个较大街区间的越轨行为差异（支持当地认为其中一个是越轨行为区的观点）实际上消失了。没有消失的是较老街区依旧抱有过去的印象：较新街区有更高的越轨行为率。前者坚持将后者污名化为不轨行为猖獗的街区。为什么事实本身变化了，而对这些事实的看法却坚持不变，这是在调查中给我们留下深刻印象的问题之一，尽管此前我们没有安排要考察它。另一个问题是事实本身为什么变化了——为什么两个街 xii
区间的越轨行为差异或多或少地消失了。

因此，这里呈现的研究非如一开始的计划。我们经常追踪着线索，提出新的问题，有一两次，我们在中途的发现改变了调查的主要方向。

一项调研，由一两个人进行，他们只对自己负责，不受领取研究资助时通常需要遵守的订定条款限制，可以以一种相对弹性的方式推进，无需固守规定的问题或既定的时间表。当一些线索看起来大有可为时，追踪这些线索，改变调查的重点和进程，这种灵活性在总体上是有利的。它有助于抵消我们对社区研究中什么重要和什么不重要的任何僵化观念的束缚。它使我们能够进行全视野的扫描，寻找那些不起眼却可能具有意想不到的重要性的现象。这种看似分散的实验最终导致了有关一个社区核心方面——最重要的权力和地位关系及与之紧密相连的紧张——的一幅相当紧凑和全面的图景。我们试图找出温斯顿帕尔瓦的某些团体比其他团体拥有更大权力的原因，我们的发现在某种程度上解释了这些差异。在更广泛的层面上，调查揭示了深入细密的微观社会学研究的优点和局限。在进行这项研究时，我们也惊讶地发现，我们在温斯顿帕尔瓦的微观世界中挖掘出的构型

（configuration）[1] 和规律是多么常见，可为假设，用作宏观社会学研究的指南。总之，这项调查表明，一个社区发展的小层级问题与一个国家发展的大层级问题是密不可分的。研究社区发展时，假定它发生在一个社会学真空中，是没有意义的。

总的来说，我们意图在简单的事实陈述与理论考量间保持平衡。我们不确定是否做到了。但是我们努力不使我们的理论关切压倒对温斯顿帕尔瓦居民本身的社会生活的兴趣。

xiii 如果没有其他人的友好帮助与合作，这样的调查是不可能的。我们感谢温斯顿帕尔瓦的居民，他们的帮助使访谈成为一项愉快而富有启发性的任务。闯入他们的家没有招致不满，他们中的许多人欢迎和鼓励这项研究。温斯顿帕尔瓦的官员和志愿组织成员给予了我们极大的帮助，尤其要感谢县观护局（County Probation Service）及观护局的高级官员。我们最要感谢的是牛津大学社会学教授布赖恩·威尔

[1] 据埃利亚斯的学生邓宁（Eric Dunning）回忆，埃利亚斯如何定义和表述他的社会学研究道路，有一个变化过程。在邓宁读研究生时，埃利亚斯称之为“发展社会学”（developmental sociology）。“发展”一词大致等同于广义的“进步”。后来在与邓宁的交流合作中，埃利亚斯改用 configuration 一词，代表结构的更动态、更具关系性的特征。大约在 1968 或 1969 年，埃利亚斯从阿姆斯特丹返回后，宣布他要用 figuration 表述他的研究道路。因为他认为“con”是多余的，如果说“人类相互之间形成的 configuration”，就等于说了两次“之间”（with）（Chris Rojek, “An anatomy of the Leicester School of Sociology: An Interview with Eric Dunning”, *Journal of Classical Sociology*, Vol.4(3), p. 357）。本书的正文，首次出版于 1965 年，在正文中，埃利亚斯全部使用的是 configuration。开篇的长篇导言，完成于 1976 年，在这篇长导言中，埃利亚斯全部用 figuration 表述。为保留不同时期埃利亚斯的不同用词，同时与他后期作品的翻译（《追寻兴奋：文明化过程中的体育与休闲》）保持统一，本书中 configuration 译为“构型”，figuration 译为“型构”。——译注

逊（Bryan Wilson）博士，他在最后阶段通读了整份手稿。本项研究很大程度上要归功于他睿智的帮助和劝告，亦有赖于他的说服力，它常常促使我们接受其改进建议。

1964 年 2 月

xv # 导 言 关于建制者与外来者关系的理论论文[1]

诺贝特·埃利亚斯

本书中对一个郊区社区的报告表明，一个老的定居（亦是建制）群体（an old-established group）与一个较晚加入的住户群体（a newer group of residents）之间存在着尖锐的分隔，后加入的群体的成员被建制群体视为外来者（outsiders）。后者排斥他们进入自己的等级（close rank against），并通常把他们污名化为“具有较低人类价值的人”。他们被认为缺乏优等（superior）的人类美德——超出众人的群体卡里斯玛（group charisma）——这是占主导地位的群体归于自身的德性。

因此，温斯顿帕尔瓦的小社区便如同一个缩影，在这里，我们遇到了一个普遍的人类主题。人们可以一次又一次地观察到，那些就**权力**而言比其他相互依存的群体更强大的群体，其成员会认为自己在人性方面也比其他群体**更好**。“贵族制”（aristocracy）一词的字面意思可作一个例子。这是雅典的上流蓄奴武士阶级对雅典的那种使他们自

[1] 我十分感谢卡斯·乌特斯（Cas Wouters）和布拉姆·范斯托尔克（Bram van Stolk）。我们曾讨论将本书译为德语的问题，这个过程帮助我优化了全书文本。也是他们，促使我写下了这篇导言。

己所在群体能够占据统治位置的权力关系的称呼。“贵族制”字面的意思就是“最优秀者实行的统治”。直到今天，“高贵”（noble）一词依然有**双重**含义：高社会地位及为人称道的态度举止，如“高贵的姿态”。类似地，“农奴”（villein）的词源则指称一个地位低下，因此人的价值也低下的社会群体，这个词如今仍保留着后一层含义——用于指称一个道德低下的人。很容易找到其他的例子。

这是一些群体的常规自我形象，他们按照权力的大小，自视高于其他相互依存的群体。无论他们是社会中的骨干群体（social xvi
cadres），如相对于农奴的封建领主、相对于“黑人”的“白人”、相对于犹太人的基督徒、相对于天主教徒的新教徒（反之亦然）、相对于女人的男人（在旧时代）、相对于小国和弱国的强大民族国家，还是，如温斯顿帕尔瓦的情况，一个早定居的、建制的工人阶级群体，相对于同样是工人阶级、新迁入的邻居成员——在所有这些情况中，更有权势的群体都认为自己是更“好”的人，被赋予了一种群体卡里斯玛，拥有自己所有成员共有而其他群体缺乏的特定美德。不仅如此，在所有以上情况中，“优等”的一方还可能会让权势较弱者觉得自己缺乏美德——他们是劣等的人。

这是如何做到的？一个群体的成员如何能维持这样的信念：他们不仅更有权势，而且是比其他群体更好的人？他们用了什么手段将自己是更优等的人类的信念强加给了那些更弱势的群体？

温斯顿帕尔瓦的研究就回答了以上的部分问题和一些相关问题，这项研究是在一个小型邻里社区内的不同群体关系中，对它们进行讨论的。只要与当地人交谈，就会听到这样的看法：“老家庭”（old families）所在街区的住户认为他们比社区中后迁入的邻居更“好”，他们是更优等的人，除了职业需要，他们拒绝与后者有任何社会接触；而且不加分别，一律将后者视为教养不好的人。总之，他们将所有的新来者视为“外来者”，非我族类。新来者本身，在不久后，也似乎带着困惑和顺从，接受了他们属于一个优秀品质较少、不太体面的群体。但就实际行为而言，只是因为新来者是少数，才会被这样看。因此在这个小社区中，似乎出现了一种普遍的建制者—外来者的型构规律（universal regularity of established-outsider figuration）：建制群体赋予它的成员优等的人类品质，排斥其他群体的成员与本群体成员有非职业的社会接触；通过诸如表扬性闲聊（praise-gossip）和指责性闲聊（blame-gossip）一类社会控制手段，夸奖遵守规范的人、威胁违规嫌疑人，以保持接触禁忌的有效性。

xvii 在一个小社区的范围内研究一个普遍型构（figuration）的方方面面，有明显的局限，但也有优势。以一个小的社会单位为焦点，对在更大、更分化的社会单位中同样可能遇到的那些问题进行系统的调查，这使我们有可能细致入微地探索这些问题——就像在显微镜下，人们可以为一个被认为是普遍的型构，建立一个小型的解释模型——这个模型可以被检验、扩充，必要时还可通过更大规模的对相关型构的调查，加以修正。在这个意义上，通过对温斯顿帕尔瓦这样一个小社区进行调查所得出的建制者—外来者模型，可以作为某种“经验范式”（empirical paradigm）。用这个模型与其他更复杂的型构进行比较，就能更好地理解它们共同的结构性特征，以及在不同的条件下，它们沿着不同的轨迹起作用和发展的原因。

走过温斯顿帕尔瓦两片居住区的街道，一个偶然来访者可能会惊讶地发现，一片的居民认为自己大大优于另一片的居民。而就住房标准而言，两片没有明显差别。更仔细地研究这个问题，起初令人惊讶的也是，一片的居民感到需要并且能够将另一片的居民视为不如自己，且在某种程度上使他们自觉低人一等。两片的居民在国籍、族群血统（ethnic descent）、“肤色”或“种族”方面没有差别；在职业类型、收入、教育水平上也没有差别——总而言之，在社会阶级（social class）上，两片都是工人阶级（working-class）区。他们间的唯一差别是前面提到过的：一片由在街区生活了两三代的老住户组成，另一片则是一群新来者。

那么，是什么导致第一群人将自己摆在更高、更好的人类位置？
什么权力资源使他们能毫不迟疑地断言这种优等性（superiority），
同时污蔑其他人是更低等的人？通常，在与族群、民族及上述其他
群体差异有关时，人们会遇到这种类型的型构，这时人们往往会忽略
它们的某些突出特征。但在温斯顿帕尔瓦，群体优等性和群体蔑视的 xviii
武器在两个群体的关系中被调动起来，而这两个群体的唯一差别只是
在当地居住时间的长短。在这里，人们可以看到，结合关系之“老”
（“oldness” of association）及它所隐含的一切，凭借自身就能够创
造出一定程度的群体凝聚力（group cohesion）、集体认同、共同的
规范，这很容易引起令人愉悦的兴奋感，这种兴奋伴随着归属一个更
高价值的群体的意识及相应的对其他群体的蔑视。

与此同时，在这里，人们可以看到这样的理论的局限性：它们仅从垄断性地占有非人对象，如武器或生产资料来解释权力差距

（power differentials），忽视所研究的人类群体纯粹由于组织化程度的差别而产生的权力差距的型构方面（figurational aspects）。正如人们在温斯顿帕尔瓦渐渐认识到的，后者，尤其是内部凝聚力和社区控制程度的差异，在一个群体与另一个群体的权力比率（power ratio）中能够起到决定性的作用——事实上，在非常多的其他事例中都会看到这点。在那个小社区里，早定居的建制群体的权力优势在很大程度上就是这种类型。它的基础是那些已认识两三代的家庭间的高度凝聚力，反之，新来者不仅对于老住户是陌生人，他们彼此之间也是陌生的。正是由于有更大潜能获得凝聚力并通过社会控制激活它，老住户才能够在地方组织，如议会、教堂或俱乐部中为同类人保留负责人的位置，同时坚决地将居住在另一片的人排除在外——这些人作为一个群体，彼此之间缺乏凝聚力。因此，建制群体对外来者的排斥和污名化是有力武器，以维持其身份，宣示其优等性及将他人牢牢地限制在他们的位置上。

在这里，以一种特别纯粹的形式，我们遇到了一个相互关联的群体间权力差距的来源，这一来源在其他许多社会背景下也起作用，但在那些情况下，观察者的眼睛常常被有关群体的其他突出特征占据，
xix 如肤色或社会阶级。通过仔细观察，我们往往可以发现，在其他情况下，如在温斯顿帕尔瓦一样，一个群体比另一个群体有更高的凝聚力，这种整合差异大大地促成了前者的权力盈余（power surplus）；更强的凝聚力使这个群体能够为其成员保留不同类型的高权力潜力的社会职位，这反过来又加强了群体的凝聚力，同时将其他群体成员排除在外——这就是我们说到建制者—外来者型构时的主要意思。

尽管确立建制群体的社会优等性（social superiority）和人类优等感（feeling of human superiority）的权力资源的性质可能有很大差异，但建制者—外来者型构本身在不同背景下，还是显示出共同的特征和规律性。人们可以在温斯顿帕尔瓦的小背景下发现它们；一旦发现，就能在其他背景下更清晰地识别出来。因此，很明显，建制者—外来者关系的概念填补了我们概念库中的空白，缺少这个概念，我们便无法察觉到这种关系的共同结构及其变化，也无法解释它们。

用一个例子说明建制者—外来者关系的结构规律性，可能有助于读者在他们的生活中发现其他事例。温斯顿帕尔瓦的研究表明，建制群体倾向于将外来者群体中“最劣”的那部分人——少数失范者（anomic）——的“坏”特征归为整个群体的特征。反之，建制群体的自我形象则往往以群体中的楷模、最“合范”的（nomic）或最遵纪守法的那部分为模型，以“最优”的少数成员为蓝本。这种相反方向的“以偏概全”（*pars pro toto*）的扭曲使建制群体能够向自身及他人证明他们的观点；总有一些证据表明一个群体是“好”的，另一个则是“坏”的。

在此语境下，一个群体能够污蔑另一个群体的条件、污名化的社会动力学是值得关注的。只要你与温斯顿帕尔瓦老区的人交谈，就会
遇到这个问题。他们都认为，新区“那边”的人教养不好。很难不注 xx
意到，在世界范围内广泛起作用的一个群体污名化另一个群体的倾向，在这样一个小社区中也可以发现——社区中的两个群体，在国籍和阶级上，几乎没什么分别，同时由于可以在这里观察这种关系，就像在一个社会缩影中一样，研究看起来更具有可操作性。在这个背景

下，很容易看到一个群体将劣等人类（human inferiority）的标签贴在另一个群体身上，并且固定住，这是两个群体交互形成的一个特定型构的运作方式。换言之，需要用一种型构的方法（a figurational approach）进行调查。现在，人们讨论社会污名化问题时，倾向于认为这仅仅是某些人个别地表达对另外一些个体的明确的不喜欢。一种大家都知道的概念化方式是将其归类为偏见（prejudice）。这意味着只在个体层面上认识一些东西，但是如果不同时在群体层面认识它，就不能理解它。现在人们往往不能区分群体的污名化与个体的偏见，也不能将二者联系起来。在温斯顿帕尔瓦，和其他地方一样，我们发现一个群体的成员污蔑另一个群体的成员，不是因为后者的个人品质，而是因为他们属于一个在前者看来与自身不同且比自身低劣的群体。因此在“社会偏见”的标题下讨论问题，在个体的人格结构中寻找答案，就会错过问题的关键。只有关注两个或多个相互依存的群体形成的型构，才能找到答案。

这一型构的核心是不平衡的权力及内在于其中的紧张。这也是一个建制群体对外来者群体进行任何有效的污名化的决定性条件。只有当权力关系中的一方处于建制者的位置，另一方被排除在外时，前者才能有效地污名化后者。只有这样，贴在外来者身上的集体蒙羞（collective disgrace）的标签才会牢固。对外来者彻头彻尾的蔑视及片面的污名化，如印度高等种姓对贱民的污名化，或者在美洲，对非
xxi 裔奴隶及其后代的污名化，标志了一种极端的权力不平衡。给另一个群体贴上“较低人类价值”的标签，是优势群体（superior group）在权力斗争中用来维持其社会优等性的武器之一。在这种情况下，一个

更强的群体施加于一个较弱的群体的社会污名通常会进入后者的自我形象，削弱和解除他们的自我保护。因此，当一个群体不再能维持其对社会中可用的主要权力资源的垄断，不再能排除其他相互依存的群体——前外来者——参与利用这些资源时，污名化的权力就会减弱甚至走向反向。一旦权力差距，或者说权力不平衡缩小，前外来者群体便倾向于反击，诉诸反污名化（counter-stigmatisation），就像黑人在美洲、先前受欧洲统治的人民在非洲、工人这一前臣民阶级（subject class）在欧洲所做的。

这也许足以简要说明，为什么在温斯顿帕尔瓦这个缩影环境下遇到的污名化类型——群体间的“偏见”，要求考察两个主要群体间的整体关系结构，这个结构赋予了一个群体排斥另一个群体的权力。换句话说，首先要与两个群体都保持距离。要考察的不是哪一方错，哪一方对。问题是，温斯顿帕尔瓦社区发展中的哪些结构性特征将两个群体以这样的方式彼此联系在一起，其中一个群体的成员感到必须，且有足够的权力资源，以某种蔑视的态度对待另一个群体的成员，视后者为教养不好及具有较低人类价值的人。

在温斯顿帕尔瓦，这个问题表现得格外突出，因为目前对权力差距的大多数解释都不适用于那里。如我已经说过的，这两个群体在社会阶级、国籍、族群或种族血统、宗教派别或教育水平方面，都没有什么不同。两个群体的主要区别只在于：一个群体是在街区定居了两三代的老住户，另一群体是新来者。这一事实的社会学意义是两个群 xxii
体的凝聚力有显著差异：一个紧密整合，另一个没有。凝聚力和社会整合的差异作为权力差距的一个方面，可能还未得到应有的重视。在温斯顿帕尔瓦，它们作为权力不平等的资源的重要性，表现得非常清楚。一旦人们在那里发现它，凝聚力差异作为权力差距来源的其他事例就很容易想到了。

它们在温斯顿帕尔瓦如何起作用，是非常明显的。老住户群体里，家庭成员彼此认识超过一代，他们之间确立了一种共同的生活方式及一整套规范。他们遵守某些标准并以此为荣。因此，虽然新来者是本国同胞，但他们涌入社区，成为邻居，这让老住户感到威胁了他们建制化的生活方式（established way of life）。对于温斯顿帕尔瓦老区的核心群体来说，他们的地位和归属感与他们的社区生活及传统紧密相连。为了保存他们认为宝贵的东西，他们反对新来者加入自己的行列，这样就可保护他们的群体认同及肯定自身的优等性。这种情形，我们很熟悉。它清楚地表明，建制者赋予自身优等的人类价值——群体卡里斯玛，与他们赋予外来者的“坏”品质——群体蒙羞，两者是相辅相成的。由于后者——不仅对老住户是新来者和陌生人，彼此之间也是——缺乏凝聚力，他们无法形成封闭的团体，反击回去。

群体卡里斯玛（我群）和群体蒙羞（他群）的相辅相成是人们在此处遇到的建制者—外来者关系类型最重要的方面之一，值得再多讨论一下。它提供了一条线索，可供说明这种型构类型在建制者中设置的反对与外来者密切接触的情感障碍。也许最重要的是，这种情感障碍解释了建制群体对外来者群体的态度往往极端僵化的原因。即使其社会优等性，或说权力盈余消失了，这种反对与外来者群体密切接触
xxiii 的禁忌依然一代又一代地延续下去。在我们这个时代，人们可以观察

到很多这种情感僵化的例子。在印度，邦立法可以废除前贱民的无种姓地位，但是高种姓的印度人厌恶接触他们的情感依然存在，尤其是在这个幅员辽阔的国家的乡村地区。同样，在美国，州和联邦立法越来越多地减少了有关前被奴役群体的法律障碍，确定他们与其前主人在制度上的平等，都是同一国家的公民。但是，“社会偏见”，尤其是在奴隶主的后代中，优等品德感造成的情感障碍，以及奴隶后代的群体蒙羞感、较低的人类价值感，并没有跟上法律调整的步伐。因此，在权力平衡（balance of power）的斗争中，实际差异的缓慢缩小，会使反污名化的呼声更加高涨。

如果不仔细研究一个人心中，其群体相比于其他群体的地位，以及作为该群体成员，他因此具有的地位，这二者所起的作用，就不容易理解污名化的机制。我已经说过，具有高度权力优势的支配性群体赋予自身及从属于它们的家庭、个体一种独特的群体卡里斯玛。所有“属于”这个群体的人都参与其中。但是他们也要付出代价。参与群体的优等性和它独特的群体卡里斯玛是对屈从特定群体规范的奖励。它必须由每个成员各自通过使自己的行为屈从特定的感情控制模式来偿付。对自身体现出的群体卡里斯玛的自豪感，对属于和代表一个强大的、具有独特价值及人类优势的群体的满足感，与其愿意屈从成员身份所强加的义务有机地联系在一起。与其他情况一样，情感的逻辑具有强大的约束力：权力优势被等同于人的价值，人的价值被等同于自然或神灵的特殊恩宠。分享群体卡里斯玛获得的满足感弥补了个人屈从群体规范所做出的牺牲。

理所当然地，外来者群体成员被视为不遵守这些规范和约束。这 xxiv

是建制群体成员的普遍印象。在温斯顿帕尔瓦与在其他地方一样，外来者，同时作为集体和个体，被视为失范者。与他们密切接触因此会引起不快。他们危及了建制群体对违反共同规范和禁忌的内在抵御，遵守这些规范和禁忌靠的是每一个人与其建制群体的伙伴们站在一起，靠的是他自己作为一个优等群体一员的自尊、自豪和身份认同感。建制者排斥外来者当然具有维护群体权力优势的功能。同时，避免与外来者群体成员有任何更密切的社会接触，具有人们在另一种情况下学到的所谓“对污染的恐惧”（the fear of pollution）的所有情感特征。由于外来者被认为是失范者，与他们密切接触，建制群体成员就会面临“失范感染”（anomic infection）的风险：他会被怀疑破坏了自己群体的规范和禁忌。事实上，仅仅与外来者群体成员交往，他就破坏了规范。与外来者联系，降低了他们在建制群体中的地位，损害了他们的“内部人”身份。他有可能失去成员们的尊重，可能不再能分享建制者赋予自身的更高的人类价值。

作为污名化手段，建制群体实际使用的概念，会依据有关群体的社会特征和传统而有所不同。在很多情况下，它们在特定的使用环境之外是毫无意义的，却深深地伤害了外来者，因为建制群体在社会劣等者（social inferior）的内心常常具有一个盟友。那些称呼外来者的群体名称，即使在他们自己耳中，也常常带有劣等性（inferiority）和令人蒙羞的意味。因此，污名化对权力比率较低的群体有令其瘫痪无力的影响。虽然需要其他权力优势资源维持污名化权力，但后者本身在权力平衡的紧张和冲突中是一件绝妙的武器。它能够暂时地削弱
xxv 权力比率较低群体的回击能力及其能力范围内的资源调动能力。它甚

至可能帮助那些权力优势已经下降或消失的群体在一段时间内延续其地位优势。

在英语国家，像在所有其他人类社会一样，大多数人都有一系列污名化其他群体的术语，且它们仅在特定的建制者—外来者关系背景下才有意义。“黑鬼”（nigger）、“犹太佬”（yid）、“意大利佬”（wop）、“男人婆”（dike，具有男子气的女同性恋者）、“教宗主义者”（papist，对天主教徒的贬称），就是例子。这些词能伤人，取决于使用者和承受者都意识到，有意用这些词羞辱后者受到了一个强大的建制群体的支持，相比之下，承受者所属的是一个权力资源较弱的外来者群体。所有这些术语都象征着这样一个事实：一个外来者群体的成员可以被羞辱，因为他没有达到优势群体的规范要求，按照这些规范，他是失范者。最能体现权力不平衡特点的莫过于，外来者群体没有能力用同等污名化的词汇报复建制群体。即使在彼此的交流中有这样的词汇（如犹太人用的 goy，意为“外邦人、非犹太人”），在谩骂时，它们也构不成武器，因为外来者群体无法羞辱建制群体的成员。只要他们之间存在巨大的权力不平衡，污名化词汇对后者就不算什么，刺痛不了他们。如果开始刺痛，这是权力平衡出现变化的迹象。

我已经说过，对外来者的污名化显示了一个变化多样的建制者—外来者型构的某些共同特征。失范也许是最常见的指责。人们可以一次又一次地发现，外来者群体被建制群体视为不值得信任、不守纪律及不守法的。一名旧雅典贵族，所谓的老寡头（Old Oligarch），就是这样谈论人民（*demos*），即崛起的雅典公民（自由工匠、商人和农民）的。他们赶走了贵族，建立了民主制，人民的统治（the rule of *demos*）：

> 在整个世界范围内，一个国家的贵族都是反民主的。因为贵族的自然特征就是有纪律、服从法律及最看重体面（respectable）。普通人的自然特征则是极端无知、纪律涣散和不守道德……贵族认为的无法无天，恰是普通人的力量所在。[1]

xxvi 在全世界，高权势群体对外来者群体使用的污名化模式都是一样的——尽管存在文化差异，但这一模式有共同性——这最初可能有些出乎意料。但是高权势（high-powered）的建制群体最可能在低权势（low-powered）的外来者群体中感知到的人类劣等性症状——这为前者成员的高等地位提供了理由，是他们拥有优等价值的证据——往往正是在劣等群体（就其权力比率而言）中，由其外来者的地位条件，以及与之相伴的羞辱和压迫产生出来的。在某些方面，它们在全世界都是一样的。贫穷这种低生活水平状态就是其中之一。但另有一些对人类来说同样重要，包括持续面对优等者变幻莫测的决定和命令、被排斥在他们的等级之外的羞辱，以及“劣等”群体养成的遵从态度。进而，在权力差距巨大的地方，处于外来者地位的群体会用压

---

[1] *The Old Oligarch: Pseudo-Xenophon's "Constitution of Athens"*, London, London Association of Classical Teachers, 1969; J. M. Moore, *Aristotle and Xenophon on Democracy and Oligarchy*, London, Chatto & Windus, 1975. 希腊文本可以在 E. C. 马钱特编的《色诺芬全集》第 5 卷（*Xenophontis Opera*, ed. E. C. Marchant, Vol. 5, Oxford Classical Texts, Oxford, Clarendon Press, 1900–1920）中找到。

迫者的标准来衡量自己。以压迫者的规范，他们发现自身的欠缺，并认为自己是较低价值的存在。正如建制群体理所当然地认为，他们的优势权力是他们具有较高人类价值的标志，只要权力差距足够大，屈从无法避免，外来者群体的情感经验就会是：他们的**权力**劣势是劣等**人**的标志。快速地看一眼建制者—外来者型构中最极端的权力不平等的例子，外来者的人格结构这时处于最严苛的影响下，这可能会有助于我们更好地透视，在权力差距不太大，贫困、遵从和自卑感更温和时，外来者的相关人格特征和经验。通过探察建制者—外来者型构 xxvii
中的经验方面，人们会达到文化传统差异影响不大的那部分人类经验层。

拥有巨大权力的建制群体往往不仅将外来者群体视为难管束的法律和规范（建制者定的法律和规范）的破坏者，而且认为他们不很洁净（clean）。在温斯顿帕尔瓦，对外来者不洁净的指责相对温和（最多在指“最劣的少数”[minority of the worst]时是合理的）。但是“老家庭”还是心存疑虑，认为“那边”的房子，尤其是厨房，没有达到应有的洁净程度。几乎在任何地方，建制群体的成员，甚至于那些雄心勃勃要形成建制的群体成员，都比外来者更自豪于他们的洁净，无论在字面上，还是比喻意味上。鉴于许多外来者群体的生活条件都较差，他们可能经常是正确的。在建制群体中，一种普遍的感觉是，与外来者群体成员接触会受到不道德和脏东西的玷污。莎士比亚曾说到“没有洗过澡的工匠”。大约从 1830 年起，“伟大的不洗者”（the great unwashed）一语在工业化的英国就作为“较低等级”（the lower orders）的称谓流行开来，《牛津英语词典》中引用了某人在 1868 年写的一句话："每当我提到……工人阶级时，都是'伟大的不洗者'的意思。"

在权力悬殊、相应的压迫很大时，外来者群体常被认为是污秽的（filthy），几乎算不上人。以对日本一个古老的外来者群体"部落民"（他们旧时的蔑称"秽多"，字面意思是"充斥着污秽"，现在只在私下用）的描述为例：

> 与普通日本人比，这些人住房条件较差，受教育程度较低，从事更粗糙、报酬更低的工作，更容易犯罪。极少普通日本人愿意和他们交往。更少人会让自己的儿子或女儿与这种社会弃儿家庭（outcast family）结亲。
>
> 然而，非比寻常的是，这种社会弃儿家庭的后代与其他日本人并没有本质的身体差异……
>
> 几个世纪的歧视，不被当人看，让他们自己也相信，作为部落民，他们不够资格加入普通日本人的生活，这一切已经让部
> xxviii 落民的心灵伤痕累累……几年前对一位部落民做过一次访谈，这名男子被问及他是否觉得自己和普通日本人一样。答："不，我们杀动物。我们是肮脏的。有些人认为我们不是人。"问："你认为你们是人吗？"答（长时间停顿）："我不知道……我们是坏人，我们是脏的。"[1]

[1] Mark Frankland, "Japan's Angry Untouchables", *Observer Magazine*, 2 November 1975, pp. 40ff.

给一个群体一个坏标签，这个群体就可能活成它的模样。在温斯顿帕尔瓦的案例中，外来者群体中最受排斥的部分依然能够以一种隐秘的方式反击。建制群体无法忽视的污名化对外来者造成的羞辱多大程度上会变成麻痹的冷漠，多大程度上会变成挑衅规范和无法无天，取决于整体处境。这是在温斯顿帕尔瓦发现的情况：

> 来自被鄙视的屋苑（Estate）的少数孩童和青少年，被他们“体面”的来自“村庄”（village）的同龄人回避、拒绝、“排挤”，后者比他们的父母更坚决和残酷，因为前者树立的“坏榜样”，威胁到了他们自身对内心难以管束的冲动的防御。并且那些感到被拒绝的年轻人中的少数狂野者，会有意做出坏举止，反击回去。他们知道，通过吵闹、破坏和冒犯，他们能惹恼那些拒绝他们、视他们为社会弃儿的人。这构成了对“坏行为”的额外刺激。他们喜欢做那些他们被指责的事情，以报复那些指责他们的人。[1]

在对部落民的研究中，情况则是这样：

> 这些少数群体的自我认同可能会导致他们不断退缩到贫民窟的飞地（enclaves）里，或者，如果不得已必须与多数人接触，与多数群体相比，他们就要承担越轨的社会角色。这些越轨的社

---

[1] 见本书第185页。

会角色常常包含大量对多数群体行使的任何权威形式的隐蔽敌意。这种感觉是一代又一代人持续经历被剥夺而造成的结果……人们发现社会弃儿的孩子更容易产生攻击性，他们将外界赋予他们的刻板形象变成了现实，至少在某种程度上是这样。[1]

xxix 人们已经习惯于将这里描述的群体关系解释为种族、族群或有时是宗教差异的结果。这些解释在这里都不适用。在日本，部落民这一少数群体与大多数日本人来自同一种系。他们似乎是一些低等职业群体的后裔，从事与死亡、接生、动物屠宰及处理宰杀物有关的职业。随着日本武士和祭司建制者的敏感性提高——与在其他地方一样，这是可以观察到的日本文明化过程（civilising process）的一个方面，在该地体现在神道教和佛教的教义发展中——这些低等群体可能经历了某种形式的世袭隔离，这种隔离从公元1600年起被严格执行。[2]与他们接触被认为会受污染。他们中的一些人被要求在和服袖子上戴上一块皮革。他们与大多数日本人的通婚是被严格禁止的。

虽然社会弃儿与其他日本人之间的差异是建制者—外来者关系发展的结果，因此差异起源于社会，但在最近的研究中，外来者群体却显示出许多今天通常与种族或族群差异相关的特征。只说一点就够

---

[1] Ben Whitaker, “Japan’s Outcasts: The Problem of the Burakumin”, in Ben Whitaker (ed.), *The Fourth World: Victims of Group Oppression*, London, Sidgwick &Jackson, 1972, p. 316. 与温斯顿帕尔瓦的情况还有一个相似之处：“必须强调的是，越轨行为只发生于被排斥群体中的少数，虽然与人口中的主体相比，这个比例明显偏高。”（p. 317）

[2] 同上书，p. 310。

了："日本心理学家最近的报告表明，在同一所学校，社会弃儿群体
的孩子与大多数日本人的孩子相比，智商测验及考试成绩都存在着系
统的差异。"[1]这是越来越多的证据中的一部分，它们说明作为一个被
污名化的外来者群体成员长大，会导致特定的智力和情感缺陷。[2]在
建制者—外来者关系中发现类似种族或族群关系中的差异特征，这绝
非偶然。有证据表明，在后一种情况下，这些特征也不是种族或族群 xxx
差异本身造成的，而是由于这样的事实：一个是建制群体，拥有优势
权力资源，另一个是外来者群体，在权力比率上是劣势，建制群体排
斥他们成为成员。换句话说，人们所谓的"种族关系"，只是一种特
殊类型的建制者—外来者关系。两个群体的成员有体貌差异，或者一
个群体成员在交流时有不同的语言口音和流利程度，这不过是贴在外
来者群体成员身上的一种强化的群体标识，它使外来者群体成员更容
易被识别出来。"种族偏见"的说法在这里也不太适用。建制群体的
成员对外来者群体的成员所感到的厌恶、蔑视或仇恨，以及与后者密
切接触会污染自己的恐惧，无论在这两个群体有鲜明体貌差别的情况
下，还是在他们分不出什么差别，以至于低权势群体要佩戴标志显示
其身份的情况下，都没有不同。

---

[1] Whitaker, "Japan's Outcasts", in Whitaker (ed.), *The Fourth World*, pp. 314-315.

[2] 可以改变其处境对外来者群体成员的影响的一个因素是：外来者群体拥有一种属于自己的文化传统。这种传统——特别当它像在犹太人的案例中那样，体现为一种强烈的书本学习传统及对智力成就的高度重视时——可能在某种程度上，保护这个群体的孩子免受建制群体持续的污名化——不仅羞辱他们自己，还有他们的父母及整个群体，他们的形象和价值构成了孩童的自我形象、自我认同及自我评价的关键部分——所产生的创伤性影响。

在社会学领域及更大的社会中广泛使用的“种族”或“族群”等术语，似乎显示了一种意识形态的回避行动。通过使用它们，人们可以挑出这些关系中的边缘因素（如肤色差异），将注意力从中心因素（如权力比率的差别，一个权力劣势群体被排除在具有较高权力潜力的位置之外）移开。无论人们在谈论“种族关系”或“种族偏见”时所指的群体是否有“种族”血统和外表的差异，他们关系的突出方面是，他们以这样一种方式结合在一起：其中一个群体比另一个有多得多的权力资源，这使前者能够排除后者的成员进入这些资源中心及与自己的成员更密切地接触，从而将他们降到外来者的地位。因此，即使在这些情况下存在着被我们称为“种族”差异的外貌和其他生物方面的差异，作为建制者和外来者结合在一起的群体，其关系的社会动力是由他们的结合方式，而非任何独立于结合方式的、这些群体固有的特征决定的。

xxxi 在这种结合方式里，内在的群体紧张和冲突可能是平静的（如果权力差距非常大，通常是这种情况）；也可能以持续冲突的形式公之于众（如果权力平衡变化有利外来者，通常是这种情况）。无论是哪一种，如果我们不能清楚地看到这些群体成员陷入的两难境地，我们就无法抓住这种结合中的强迫力，以及以这种方式结合在一起的人那种特别的无助感。如果依存几乎完全是单方面的，建制者和外来者间的权力差距因此非常大，如在一些拉美国家美洲印第安人的情况，结合关系可能也难以生效。在这种情况下，外来者对建制群体毫无用处，他们只是挡道者，因此非常可能被消灭，或被驱赶、自生自灭。

但是当外来者群体在某种程度上被建制群体需要时，当他们对后者有用时，这种左右为难就会更公开地表现出来。并且如果依存的不平等减弱而尚未消失——如果权力平衡某种程度上支持外来者，窘境就会越发公开。要看明白这点，我们可以再想想前面引用过的两段话——雅典贵族习惯的对普通人的统治和蔑视，以及日本的外来者部落民用建制者的标准衡量自己的群体及自身。这两个例子代表了两种极端的情况：一个完全相信自己群体的优等价值，另一个完全相信自己群体是糟糕的。

权力优势输送各种好处和机会给拥有它的群体。其中一些是物质的或经济的。在马克思的影响下，这些益处受到特别关注。在绝大多数情况下，要理解建制者—外来者关系，研究它们是必不可少的。但是它们不是高权势的建制群体相比低权势的外来者群体唯一会增加的好处或机会。在温斯顿帕尔瓦的建制者和外来者关系中，前者对经济好处的追求只发挥了很小的作用。还有什么其他好处或机会鼓动建制群体为维持其优等性而进行激烈斗争呢？除了经济剥夺，外来者群体 xxxii
还遭受了哪些剥夺呢？绝非只在这个研究所关注的小型郊区社区内，人们才会发现建制者和外来者群体之间冲突的非经济层面。即使在争夺经济资源分配的斗争似乎占据舞台中心时，如在工厂内部工人与管理机构间的斗争中，除了工资与利润间的争端外，还有其他争端。事实上，当争端方间的权力不平衡达到最大，最强烈地倾向于支持建制群体时，建制者—外来者间冲突的经济方面才最突出。权力不平衡越小，冲突和紧张的非经济方面就越清晰可辨。当外来者群体只能维持糊口的生活水平，收入多少就比他们的其他需要更重要。他们的生活越高于糊口水平，收入就越多地用来满足其他人类需要，而非最基本的动物性或物质的需求，而在这种情形下，社会劣等性——权力和地位上的劣势——就会越容易让他们感到痛苦。同时，在这种情形下，建制者和外来者间的斗争对后者来说，渐渐地不再仅仅是为了不挨饿、为了肉体生存而斗争，而变成为满足其他人类需求而斗争。

在某种程度上，这些需求的性质依然被马克思的伟大发现的后果所遮蔽，人们倾向于从中看到人类社会发现之路的尽头。但我们不妨还是视它为一个开端吧。

在建制者—外来者关系中那些冲突的目标里，当外来者的目标是不挨饿、满足最基本的动物或物质需求，以及抵御敌人对他们肉体的毁灭——简而言之，当简单的身体生存的目标都不确定能实现时，它优先于所有其他目标。直到今天，这依然是大部分人类的基本目标，
xxxiii 部分原因是更有权势的那部分人消耗了太多，因为一般来说，人口增长速度快于粮食供应，而且人类过于分裂，无法采取任何协调一致的行动减轻弱势的外来者群体的痛苦；部分原因是人类各部分间日益增长的相互依存加剧了内部的斗争，在一个日益相互依存的世界里，人类中的一部分对另一部分人的支配必然会有回旋镖效应，这个教训尚未被汲取。

当马克思指出生产手段的不平等分配并继而指出满足人们物质需要的手段的不平等分配时，他揭示了一个重要的真相，但只是一半真相。马克思提出，确保充足食物供应等经济目标的冲突，是权力优势群体和劣势群体目标冲突的根源。时至今日，对经济目标的追求，虽然就像“经济”这个词一样具有弹性和模糊性，但在很多人看来，它是人类群体真正的基本目标，其他目标相比之下则不那么真实，无论

真实意味着什么。

毫无疑问，在人类群体面对长期饥饿的极端情况下，对食物的渴求，或者更一般的对肉体生存的渴求，可能确实会优先于其他目标。人们可能会羞辱自己、会相杀相食，因此退化到接近动物的水平。我们已经看到一些例子。食物、物质需求的满足，的确是基本的。但是如果这种类型的人类目标满足凌驾于所有其他目标之上，排斥了所有其他目标，人类很可能会失去区别于动物的某些特定特征。他们不再能追求其他一些仅属于人的目标，在人类群体的权力斗争中，这些目标的满足可能同样处于争端中。人们很难找到正确的概念指称它们，因为目前可用的概念有一个理想化的光环，它们被提起时好像在指某种不真实的东西——不像填饱肚子的目标那么真实和具体。但是人们如果试图解释和理解在本书中说明的建制者—外来者关系的动力，就必须明明白白地说，它们在以这种方式相互结合的人类群体间的目标冲突中，起着非常真实的作用。

再以前面引用过的部落民群体成员的陈述为例。我们可以认为，xxxiv
在日本和在其他地方一样，这个群体的社会弃儿状况与经济剥夺的形式并行。但是，部落民在日本社会有一个传统的地位和功能。今天看来，有些人很穷——但是不比大多数日本穷人更穷——有些人则相当富裕。但是这种恶名（stigma）不会消失。外来者群体遭受的主要剥夺不是食物的剥夺。那么应该怎么称呼它？价值的剥夺？意义的剥夺？衡量自爱和自尊的标准的剥夺？

作为建制者—外来者关系的一个方面，污名化常常与建制群体发展出的一种特定类型的集体幻想（collective fantasy）有关。它反映并同时证明了，其成员对外来者群体成员的厌恶，或者说偏见，是有道理的。因此，按多数日本人闲言碎语中的传说，部落民身上有一个遗传的社会弃儿群体成员标志——每条手臂下都有一个蓝色胎记。[1]这非常生动地说明了建制者对外来者群体的想象的运作方式和功能：对外来者群体的社会污名在想象中转化成了一种物质恶名，它被物化了。它看起来像是客观的，是自然或神灵植入到外来者身上的。用
xxxv 这样的方式，施加污名的群体就免于任何责任，因为这种幻想暗示着，不是**我们**给这些人加上了恶名，而是创世者打上了这个印记，标示出他们是劣等人或坏人。一个建制群体提及某些群体的肤色和其他内在或生物特征是劣等的，与想象部落民有蓝色标记，具有同样的客体化功能。身体上的标记是一个具体化的符号，象征了另一个群体有认定的失范，有较低的作为人的价值，有一些坏的本性。与蓝色标志的幻想一样，提及这些“客观”的符号有着捍卫当下的权力分配及开

[1] Whitaker, “Japan’s Outcasts”, in Whitaker (ed.), *The Fourth World*, p. 337. 这篇文章引用了一个“部落民”诗人丸冈忠雄（Maruoka Tadao）写的一首诗，其中提到了这个信念。诗中含有下面两段：

> 我听到窃窃私语，
> 像风从一张张嘴吹过。
> 在每个腋窝下，我都被打上了胎记，
> 像张开的手那么大。
>
> 谁在我身上做了标记？出于什么未知的原因？
> 为什么在我的自我和心灵上留下了这未知的标识？
> 即使今天，我退潮的思绪，
> 如此苍白和寒冷，像玻璃一样透明，
> 仍将我唤醒。

脱责任的功能。它与对外来者群体的污名化属于同一套以偏概全的论辩术——用群体中失范的少数人形成整体的形象——兼具防御性和进攻性。另一个更近的例子是，19 世纪的工人阶级被视为“伟大的不洗者”。

将建制者—外来者型构作为一种不变的关系类型的做法，顶多只是一个预备性步骤。只有将群体间的权力平衡视为变化的，并努力建立一个模型，它至少要在大致的轮廓上，显示出内在于这些变化中的人类问题（包括经济问题），我们在这一探究中面对的问题才会充分显示其价值。今天，群体随着时间推移而升降的复杂复调运动——建制群体变成外来者，或者作为群体完全消失；外来者群体的代表成为新的建制者，占据了以前拒绝他们的位置，或者在压迫下失去了活动能力——依然大部分被隐蔽在视线之外。这些变化的长期方向也是如此，如从众多相对较小的社会单位之间有限的地方权力平衡斗争，到数量越来越少、规模越来越大的社会单位之间的权力斗争。在这样一个时代，前外来者群体进入权力位置的运动成倍增加，同时在全球层面，紧张的主轴处在比以往任何时候都更大的若干国家单元之间，缺乏一个有关权力差距变迁及与之相连的人类问题的整体理论，实在有些令人惊讶。

但是，只关注今天的短期问题，将社会的长期发展视为尚无结构 xxxvi
的历史序幕，这直到今天依然在阻碍对社会发展的长期序列及其方向性特征的理解，如群体的上升和下降运动，以及随着前外来者群体的兴起，它将其代表送到一个新层级的建制者位置，而建制群体的宏大理念被前外来者群体削弱这样的压迫和反压迫的辩证法。还有，旧启蒙运动的遗产在这一障碍中也发挥了作用。尽管有太多相反的证据，但人类，不仅作为个体，还作为群体，通常都是理性行事的这一令人安慰的信念，依然牢牢控制着对群体间关系的认知。对处理人类事务之中的理性的理想，阻碍人们了解建制者—外来者型构的结构和动力，以及由它们抛出的放大的群体幻想，这些独特的（*sui generis*）社会信息，既非理性的，亦非非理性的。今天，群体幻想依然从我们的概念网中漏过。它们就像变幻莫测的历史幻影，似乎可以任意地出现和消失。在目前的知识阶段，人们已经可以认识到，个人的感情经验和幻想不是任意的——它们有自己的结构和动力。人们认识到了，一个人在生命早期阶段的这种经验和幻想，可以深刻地影响以后阶段的感情和行为模式。但是人们还没有制定出一个可检验的理论框架，来整理那些观察到的、与群体发展相连的群体幻想。这看起来是令人惊讶的，因为在处理所有层级的权力平衡事务时，集体表扬幻想（praise-fantasies）和集体指责幻想（blame-fantasies）的确立都扮演了明显和至关重要的角色。在全球层面上，比如有美国梦和俄罗斯梦。过去有欧洲国家的开化使命及作为第一和第二帝国承继者的第三帝国的梦想。还有前外来者的反污名化，如非洲国家寻找他们的黑人性及他们自己的梦想。

xxxvii 在另一个层级上，正如我们将在本书看到的，还有温斯顿帕尔瓦老住户的想法。他们认为自己具有更大的人类价值，以此为由拒绝与新来者交往，同时将后者污名化为价值较低的人，表达更温和，意思却毫不含糊。他们为什么要这样做？

许多不同的议题都能使建制者和外来者之间的紧张和冲突公开

化。但是核心永远是权力平衡的斗争；其形态从在一个制度性不平等的框架下，隐藏在两个群体日常合作下的无声拉锯战，到争取制度框架（这是伴随他们的权力差距和不平等的具体表现）变迁的公开斗争均有。无论何种情况，外来者群体（只要他们未被完全吓到）会暗地里施压或采取公开的行动，减小导致他们劣势地位的权力差距，建制群体则会明里暗里地维护或增加差异。

然而，一旦居于建制者—外来者冲突和紧张核心的权力分配问题公开化，很容易发现在紧张和冲突下另一个常被忽视的问题。以建制者—外来者型构的形式联系在一起的群体，是由一个个个体形成的。问题是：人类如何以及为什么视彼此属于同一个群体，并在交流中说“我们”时，将对方置于自身所确立的群体边界内，同时排除了另外一些人，认为他们属于另一个群体，这个群体被集体指为“他们”。

正如我们将看到的，温斯顿帕尔瓦的第一批新来者并不认为老住户与自己有什么不同。他们试图与其中的某些人交往，就像搬到新社区时人们经常会做的。但是他们被拒绝了。这样，他们意识到，老住户认为自己是一个亲密封闭的群体，称之为“我们”，新来者则是一群闯入者，被称为“他们”，老住户有意识地与他们保持距离。如果人们试图发现老住户为什么这样做，他会认识到，时间维度，或者换句话说，一个群体的发展，在决定群体的结构和特征上起到了关键作用。温斯顿帕尔瓦的一群“老家庭”（其中一些成员当然很年轻）有着共同的过去，而新来者没有。这一差别对于两个群体的内部构成及 xxxviii
他们之间的相互关系都有重要意义。老住户是建制群体，由在当地共同生活了两三代的家庭组成。他们共同经历了一个群体过程——从过去到现在再到未来——这为他们提供了共同的记忆、依恋及厌恶之物。不考虑这个历时群体维度，他们用来指代彼此的人称代词“我们”的道理和含义就无法理解。

由于他们已经在一起生活了相当长时间，“老家庭”具有的群体凝聚力是新来者缺乏的。他们之间被世界各地的“老家庭”圈子都具有的混合了矛盾和竞争的亲密性联系在一起，无论这些“老家庭”是贵族、城邦中的高贵公民、小资产阶级，还是本研究中的工人阶级家庭。他们有自己的内部排名（internal ranking）和“啄食”（pecking）次序。每个家庭及每个家庭的成员，在特定的时刻，在这个次序阶梯上有设定好的位置。其中一些标准在本书中得到了阐明，另一些则得到了暗示。排名次序本身和标准是群体中的每个人都知道的，认为理应如此的，尤其是主妇们。但他们只是在社会实践层面上知道，或换句话说，在低抽象水平上，而不是在较高的抽象水平上，诸如家庭社会地位（social standing of families）或群体内部地位次序（internal status order of a group）等术语所表现出来的层面上。直到今天，对很多社会数据概念化的程度还只可类比我们祖先达到的水平，即他们只能在 4 个或 5 个苹果与 10 头或 20 头大象间做出分别，还不能在更高的抽象水平上，在数字 3 和 4、10 和 20 间做出区分，数字是一种纯粹的关系符号，不用涉及任何特定的、有形的对象。类似地，在这种情况下，建制群体的成员能够在面对面的互动中直接通过他们的态度，或在谈及另外一些不在场的人时，通过没多少象征性的短语和声调转折，而非清晰的表述，传达出其估计中家庭和个人在群体内部地位次序和“啄食”次序中的较高或较低的排名。

不仅如此，“老家庭”群体的成员还通过长期友谊或长期的共同 xxxix
厌恶所产生的情感纽带彼此联系。像与之相连的地位竞争一样，只有在一个持续的群体过程中，共同生活过一段时间的人之间，这类纽带才能发展起来。不将这些考虑在内，就不能很好地理解当温斯顿帕尔瓦的建制群体成员称自己为“我们”，称外来者为“他们”时，其所确立的群体边界。从这样的群体过程中建立起来的相互联系的纽带是无形的，新来者在最初仅仅将老住户看作与他们一样的人，因此完全不能理解他们被排斥和污名化的原因。而老住户只能用他们的直接情绪进行解释，他们觉得自己是街区中更优等的一方，他们有娱乐设施、宗教机构及大家都喜欢的地方政治，他们不希望在私人生活中与街区中的劣等部分混在一起，认为新来者不如自己体面和遵守规范。

在调研中，我们没有听到过一例，一个“老”群体的成员打破群体禁忌，与“新”群体成员发生非职业的私人接触。这表明，一个有凝聚力的群体能够对其成员施加高度控制。

任何具有高度凝聚力的群体的内部意见都对其成员有深刻影响，是规管他们的情绪和行为的力量。如果建制群体垄断性地为其成员保留了获得权力资源和群体卡里斯玛的机会作为奖赏，这种影响就会尤其明显。部分原因是，如果一个成员的行为和感觉与群体意见相悖，因而招致后者对他的敌意，那么这个群体成员的权力比率就会降低。由于某种形式的竞争性内斗[1]——无论是被压制的，还是公开的、大声的——是有凝聚力的群体的一贯特征，降低一个成员在群体内部地

[1] 见本书第 210 页。

位次序中的排名，就削弱了该成员在群体内部权力竞争和地位竞争中
xl 维持自身的能力。在严重的情况下，这可能会使他面临窃窃私语的指责性闲聊的压力，或者群体内更公开的污名化（没有能力反击），这可能与对外来者的污名化一样无情和伤人。如我们将在温斯顿帕尔瓦的研究中看到的，得到群体意见的认可需要遵从群体规范。对群体偏差，有时甚至是对疑似偏差[1]的惩罚，意味着权力损失及地位降低。

然而，一个群体的内部意见对每一个成员的影响远不止于此。群体意见在某些方面具有一个人自己良知（conscience）的功能和特征。事实上，在群体过程中形成的后者，依然通过一根弹性的、看不见的线与前者相连。在权力差距足够大时，一个建制群体的成员可以完全漠视外来者怎么想他，却做不到无视内部人的意见，这些内部人垄断性地控制着他参与或试图参与的资源，并且他与这些内部人分享共同的群体自豪感、共同的群体卡里斯玛。一个成员的自我形象和自尊与群体中其他成员对他的看法相连。一方面是他对行为和情感的自我规管（self-regulation）——此为更有意识甚或部分不太有意识的良知层面的功能——另一方面是他的我群（we-groups）具有的规范性内部意见，虽然这二者间的联系是可变的和有弹性的，但只有极清醒的理解力和判断力才能完全区分二者。换句话说，只有当他的现实感，即区分幻想中发生的事情和独立于幻想发生的事情的能力，渐渐丧失，才会完全混同二者。一个个体的相对自主性，其自身的行为和情操（sentiment）、自尊和良知，在多大程度上与他称

[1] 见本书第 91 页的例子，一个女人邀请一个垃圾清洁工。

为“我们”的群体之内部意见相连而发生作用，当然有很大差异。今天普遍存在的观点是，一个理智的个体可以完全独立于其一切我群的意见，从这个意义上说，他是绝对自主的。但这是有误导性的。相反的观点一样有误导性，即认为，在一个机器人的集体中，他的自主性可以完全消失。当人们谈到，将一个人的自我规管与我群的规管 xli
压力（regulating pressures of a we-group）联系在一起的纽带具有弹性时，就是这个意思。弹性有限度，但非无弹性。在被称为“社会发展”的群体过程的不同阶段，这两种类型的规管功能（常常被区分为“社会的”和“心理的”）之间的关系，值得特别研究。我已经在其他地方探讨了这个问题的某些方面。[1] 此处，更生动和突出的是，一个紧密结合的建制群体之成员的自我规管与该群体内部意见的联系方式。当这样的群体向其成员灌输了一种强烈的意识，即他们比外来者具有更高的人类价值，这种情况下，成员就会对我群压力特别敏感。

早期，在由祭司机构主宰的群体中，他们相信自己相比于外来者具有专属的恩宠和美德，并以这种信仰团结起来反对外来者，这时，这种信仰对其个体成员情操和行为的自我规管的影响，最为突出。在我们这个时代，群体卡里斯玛对成员的影响最典型地表现在处于党国体制（party-governmental establishments）支配下的强大民族国家中，即通过一种对独特的民族美德和民族恩宠的共同信仰，群体成员被团结起来反对外来者。在温斯顿帕尔瓦，人们可以看到一个缩小版的

[1] 见 N. Elias, *The Civilizing Process*, Oxford, Blackwell, 1994 (originally published as *Über den Prozess der Zivilisation* in two separate volumes in 1939, Basel, Haus zum Falken)。

例子，在这一较低层级的建制（lower-level establishment）中，“老家庭”成员构成了核心群体，作为建制中心（central establishment），他们守护着整个村庄的特殊美德和尊严，强烈反对街区中的另一部分成员进入他们的等级圈子，认为这些人不够体面，具有较低的人类价值。在这种情况下，当建制群体的规模很小，具有面对面群体的特征时，群体意见所代表的控制就会更加严格。没有一例脱离建制群体，没有一例打破禁忌、与外来者发生密切的私人交往，这表明了，在这样的环境下，通过前面提到过的胡萝卜加大棒的机制，个体成员的自
xlii 我规管可以与群体意见多么有效地保持一致。要达到这种一致性，可以通过作为奖赏的参与群体优等人类价值的机会，以及受群体内部意见持续性许可的强化，个体自爱和自尊的相应提升，同时，也可通过每个成员按照群体规范和标准对自己施加的约束。对温斯顿帕尔瓦建制群体的研究由此表明了，在一个小范围内，个体的自我控制和群体意见是如何相互适应的。

弗洛伊德（S. Freud）为推进理解男性自我控制机制（self-controlling agencies）所处的群体过程，做出了极大贡献。但是在解释他的发现时，弗洛伊德采用的概念化的方式，使每个人看起来像是一个自足的单位——一个封闭的人（*homo clausus*）。他认识到，人类有一种特殊的能力就是学习去控制，并在一定程度上，按照他们在规范性群体中的经验，形塑自己的性驱动（libidinal drives）。从这些经验中，他观察到了自我控制功能（self-controlling functions）的成长，但是他概念化的方式，使它们好像是肾脏和心脏一样的器官。简言之，他遵循的是在医学界及普通大众中直到今天仍广泛存在的一种

传统。在人类有机体人格层面上的控制和适应功能（controlling and
orientating functions），是通过学习被模式化的，而他概念化地再现
这些功能时，却好像它们是一较低层级的器官，几乎不受学习影响。
他发现，父—母—子关系的群体过程对一个人初级驱力（elementary
drives）的发育成形及幼儿期自我控制功能的形成有决定性影响。但
是，在他看来，这些功能一旦形成，就会自己发挥作用，完全独立于
每一个人从童年到老年还会继续参与的进一步的群体过程。由此，他
提出了人类自我控制功能的概念——他称之为“自我”（ego）、“超
我”（super-ego）或“自我理想”（ego-ideal），似乎它们在单个个体
内，可以完全独立自主地发挥功能。但是，那些依然与一个人参与的
群体过程有着最直接和最密切的联系的人格结构层次，尤其是一个人
的我群形象和我群理想（we-ideal），都没有包含在他的分析视野内。
他没有将它们概念化，可能认为它们是他口中的现实的一部分，与他 xliii
关切的感情幻想和梦境，恰成对立。无论他在理解人与人的联结纽带
上做了多大贡献，他的人的概念在很大程度上依然是孤立的个人。在
他的视野中，**个人**（persons）看起来是结构化的，而由相互依赖的
个人组成的社会看起来是背景，是非结构化的“现实”，社会的动态
显然对个体的人没有影响。

在一个人的自我形象和自我理想中，其我群形象和我群理想，与他自己作为其用“我”所指称的那个独特之人的形象和理想，构成了同等大小的一部分。不难看出，诸如“我，帕特·奥布莱恩，是个爱尔兰人”这样的陈述，暗含了一个我的形象（I-image）和我群形象。“我是个墨西哥人”“我是个佛教徒”“我是个工人阶级”或“我们是

一个古老的苏格兰家庭”，这些陈述也是如此。一个人群体认同的这些及其他方面，和将他与其我群中别的成员区分开来的其他性质一样，构成了他个体认同中必不可少的一部分。

弗洛伊德曾经说过，人格结构崩溃时，如在神经症或精神病的情况下，可以使一个观察者比在正常情况下，更清楚地感知到其功能间的相互联系。这对我群形象和我群理想的讨论，亦可比照适用（*mutatis mutandis*）。它们一直是激情幻想与现实形象间的协定。但是当幻想与现实完全分裂时，它们会最尖锐地凸显出来。因为这时幻想部分更加重了。区别在于，在自我形象和自我理想这种人格功能的方面，激情的幻想仅代表对一个群体过程的个人经验。而在我群形象和我群理想的方面，它们是集体幻想的个人版本。

在我们这个时代，一个突出的例子是昔日强大的民族——相较其他民族，其优等性已经下降——的我群形象和我群理想。这种民族的成员可能会痛苦几个世纪，因为他们的群体卡里斯玛、他们的我群理想，是以他们伟大时代的理想化形象为样板的，作为他们感到应该达
xliv 到却无法达到的榜样，在几代人中挥之不去。作为一个民族，他们集体生活的光辉已经消逝了；他们相对于其他群体的权力优势，在情感上被理解为他们相对于其他劣等民族具有较高人类价值的标志，已经无可挽回地丧失了。但是他们具有特殊卡里斯玛的梦想仍以各种方式活生生地保留着——通过历史教学、古老的建筑、民族辉煌时期的杰作，或者通过似乎肯定了过去之伟大的新成就。在一段时间内，由这一想象中作为领头的建制群体的卡里斯玛提供的幻想盾牌，可能会给一个衰落的民族以继续下去的力量。在这个意义上，它有存在的价

值。但是，一个人的群体在其他群体中实际和想象位置间的出入，通常也会使得这个人错误地估计他的权力资源，这会导致提出一个追求自身伟大的幻象的群体策略，最终可能导致自我毁灭及其他相互依存的群体的毁灭。这种民族梦想（如同其他的群体梦想）是危险的。[1]
过度膨胀的我群理想是一种集体疾病的症状。更好地理解建制者—外 xlv
来者型构的动力学，理解相互联系的群体的地位变动所涉及的问题，理解一些群体上升到排斥其他人的、垄断的建制者位置，而一些原来处于这个位置的群体则在某些方面下滑到被排斥的外来者的地位——这是大有裨益的。在这方面，“理性”的理想，这个古老启蒙运动的遗产，依然堵塞了更好地理解这些问题的道路。它延续了这样一种观念：各民族及其领导人总体上是“理性”行事的，它在这个背景下，

[1] “我群形象”的僵化及由此导致的群体无法适应不断变化的生活条件，不仅在小群中如此，在一些规模较大的群体中，如社会阶级和民族中，亦表现出同样的情况。在 A. 范丹齐格的文章《皮滕人民的悲剧》（“De tragedie der Puttenaren”）中就有一个很好的例子（A. van Dantzig, *Normaal is niet gewoon*, Amsterdam, De Bezige Bij, 1974, pp. 21ff.）。作者描述了一个由 452 人组成的群体的命运，这些人一直生活在荷兰一个小乡村社区皮滕里，直到 1944 年 11 月，作为报复，他们突然被赶出家园，集体送往集中营。理所当然地，他们依旧遵守着村庄的规范，即和以前一样努力工作，有自己认为合理的休息时间，在集中营生活的各个方面都表现出自己的尊严，等等。总之，因为一起居住和生活，他们无法做出村里舆论会反对的行为。村民们自动的相互控制使他们没有依据完全不同的集中营生活条件而调整他们的行为方式。最后只有 32 人回到了皮滕，回到皮滕后，又有 3 人死亡。人们当然无法确定，如果他们没有作为一个高度整合的群体被送往集中营，他们的存活率是否会更高。然而，可以说的是，这一事实——他们作为一个群体被送往集中营的事实（在其他情况下，这通常被认为是有利于存活的一个积极因素）——在本案例中，导致了他们极低的存活率。简而言之，正如作者所说，“皮滕的许多居民无法摆脱长期以来决定他们生活历程和社区结构的法则”。范丹齐格非常正确地指出：“精神分析和社会学都可以在那里找到彼此。”他如此生动地描述的个案非常清楚地表明，有必要将“我群理想”与“自我理想”一起视为人格结构的一部分。

可能就意味着务实地行事。

作为建制者—外来者理论的一部分，这里提出的概念，如群体卡里斯玛和我群理想，可能有助于对这些群体关系进行更合适的评估。民族群体等强大建制者失去强大权力地位，沦为二三流建制者的例子，再次表明群体的权力比率与其成员的我群形象间的紧密联系。指出这一联系不意味着它们构成了人类本性中不可改变的一部分。事实上，越是意识到在强大权力与伟大人类价值间画下的情感上的等号，进行批判性评估和改变的机会就会越大。民族、社会阶层和其他人类群体的领导集团，在其权力顶峰，都习惯于运用宏大观念。高权力比率者的自我强化的品性会吹捧集体自爱（collective self-love），这也是对屈从特定群体规范、屈从该群体的感情约束模式的奖赏，这种约束模式被认为是外来者及社会弃儿这样权力较少的劣等群体所缺乏的。因此，当曾经强大的群体的奖励性自爱及对群体卡里斯玛的信念，随着他们权力优势的降低而动摇时，传统的约束模式，一个旧日优等群体特有的行为规范，很容易变得脆弱甚至崩溃。但是这样的过程需要时间。在现实冲击被充分意识到前，可能要很长时间。对自己群体的特殊美德、恩宠和使命的奖励性信念，可能会在几代人的时间里，使一个建制群体的成员不能在情感上充分认识到他们改变了的地
xlvi 位，不能认识到神明已经失败了，群体不能再信仰他们。他们可能**知道**作为事实的变化，但是他们对特定群体卡里斯玛的信仰及与之适应的态度和行为策略，则如一块幻想的盾牌，坚持不变。这阻碍了他们**感到**变化，因此阻碍了他们根据变化了的群体形象和群体策略条件做出调整。由于没有这种务实的调整，作为一个权力资源减少的群体，

他们就不能实现任何东西，以向自己和他人证明他们的人类价值，所以在情感上否认变化，对心爱的群体卡里斯玛形象的暗中维护，就是在自我欺骗。

迟早，现实的冲击会闯进来。它的到来往往是创伤性的。人们可以观察到一些群体——在我们这个时代，首先是民族群体——中的很多成员，不知不觉中，似乎依然处于为失去的伟大哀悼的状态。就好像他们在说：如果我们不能符合伟大时代的我群形象，就没有什么是真正值得做的。

一个群体在其他群体中的地位变化会增加其集体形象和理想的非现实性方面，借助这样的例子，人们可以更好地理解在下面的研究中，一个建制群体的我群形象和我群理想是如何发生作用的。人们会遇到这样一个群体，它相对于外来者的优势地位依然完全保持。但是，相互依存的外来者——他们既没有共同的记忆，也没有像建制群体一样的体面规范——的存在本就是一个刺激。建制群体会感到他们的我群形象和我群理想受到攻击。对外来者群体尖锐的拒绝和污名化就是他们的反击。他们不得不通过反击、不断地拒绝和羞辱对方群体，来驱散他们所感到的威胁，无论是对他们的权力优势（就他们的凝聚力及对地方重要职位和设施的垄断而言），还是对他们的人类优等性、他们的群体卡里斯玛。

指责性闲聊及传播有关外来者的有污点的他群形象（they-image）是这种型构的持续性特征。在另外一些情况下，它变得常规化，可能持续几个世纪。在建制群体的策略中，最暴露其内心的一个特征是：一些由他们做会受赞扬的标准举止，若由外来者做，则会受责

xlvii 备。在印度的一个村庄，贱民在通过有种姓的印度教徒居住的街道时必须脱鞋，穿鞋被等同于“显摆”。在其他地方，被归为社会弃儿的男性不允许蓄向上翘的胡子，这意味着不当的自我主张（self-assertion）。[1]

类似地，一位与美国建制派不无联系的美国作家，以一种天真的口吻谈论黑人知识分子“渴望尝尝权力的滋味”，[2]完全无视美国白人长期以来利用自己的权力优势，将奴隶的后代排斥在他们所垄断的权力资源之外。

目前对具有“种族”内涵的建制者—外来者关系所采取的方法中，最引人注目的一个方面是，普遍以现在的问题来讨论。将长期的群体过程——不要与我们所说的“历史”相混淆——排除在对这种建制者—外来者关系的研究之外，会扭曲研究问题。在讨论“种族”问题时，人们很容易本末倒置。一般来说，人们认为他人属于另一个群体，因为他们的肤色不同。如果有人问，这个世界上怎么会养成将另一肤色的人视为不同群的习惯，则会更切中问题。这个问题马上将一个长期过程带入考察的焦点，在这个过程中，在地球的不同地区演化的人类群体，适应不同的物质条件，然后经过长期的隔离，作为征服者和被征服者渐渐接触，因而在同一社会中，作为建制者和外来者发生接触。在这个长期交融的过程中，具有不同身体特征的群体，作为

---

[1] 埃拉亚佩鲁马尔委员会（Elayaperumal Committee）1960年的报告，引自 Dilip Hiro, *The Untouchables of India*, Report No.26, London, Minority Rights Groups, 1975, p. 9。

[2] 见 Eric Hoffer, *The Temper of Our Time*, New York, Harper & Row, 1969, p. 64。

主人和奴隶，或以其他具有巨大权力差距的地位，变得相互依存。正
是由于这一过程，身体外观的差异才成为人们属于具有不同权力比
率、不同地位和不同规范的群体的信号。再次提醒，要想理解人们通 xlviii
过区分“我们”“他们”二词所指称的群体而设立的边界，就必须把各
群体及其关系当作时间序列中的过程，重构其时间特征。

印度种姓—贱民（caste–outcaste）型构的发展可以作为一个例子。它是有书面文献证据的最长的群体过程之一，可以回溯到公元前的第二个千年。不参照型构演进的长期过程，人们就很难理解和解释印度多层次的建制者—外来者关系，即如今从高等种姓到贱民的形态。过程的起点是印度早期居民逐渐臣服于来自北方的入侵者和征服者。后者显然从俄罗斯南部的大草原，途经伊朗而来，讲印欧语，在一些文献中，他们称自己为浅色皮肤的雅利安人，其体貌清晰地区别于那些臣服于他们的深色皮肤的部落。在这些雅利安人中，不同于我们所知的希腊和日耳曼部落等同种其他分支，祭司在与武士的原始斗争中获胜。这一点，外加从数量上来说，征服者群体可能比臣服人口少很多，另外可能还缺少女性，这些事实导致，在建制群体与臣服群体的关系上，除了与臣服女性的关系，采取了系统的封闭和排斥政策。结果，在几代人的时间里，身体上的差异，所谓种族差异，逐渐减少，隔离和排斥却没有减少。这种政策一旦被强化为传统，就导致了一种情况，即每个群体对待被认为地位更低的任何其他群体，都会排斥他们进入自己的等级。所有凭借等级和社会功能与他人区分开的群体就成了世袭群体，生来不在这个群体的人，原则上不允许进入，即使实践中并不总是如此。

因此，随着印度社会变得更加分化，它呈现出由世袭种姓和最低
xlix 级的世袭贱民构成的等级制的特征。这种群体排斥传统的僵化，最初可能是由于浅肤色的入侵者，尤其是他们的祭司，害怕失去其身份及特权地位。因此征服者强迫被征服者生活在他们的村庄之外。前者排斥后者参与宗教仪式、向神明供奉和祷告，从而将其排斥在神明传达给参与者的祝福之外。通过拒绝后者参与他们的群体卡里斯玛和规范，征服者强迫被征服者处于他们眼中的失范位置，同时鄙视被征服者不遵守他们遵守的规范。祭司建制者，即婆罗门，将他们对信仰手段和无形力量控制权的垄断，作为他们统治的工具和排斥的武器。建制者—外来者关系的传统，最初与征服者对被征服者的政策相连，随着时间的推移，渗透到日益分化的种姓等级制度中，直至社会金字塔底部的贱民阶层。在印度，这种传统特别地僵化，因为它被一个祭司统治建制群体牢牢地固定在一套宗教信仰和巫术实践的模式中。

与基督教和伊斯兰教等宗教建制者转变、同化外来者的传统政策方向相反，婆罗门教从早期就习惯于采取排除政策。他们的政策方向是群体间严格的等级隔离，将此作为维持自身高权力比率的条件之一。在早期，非雅利安的臣民被严格排除在统治集团的仪式和祈祷之外，所以此后印度社会所有的功能划分，从祭司到扫大街的人，都要按照高低种姓间的世袭社会划分，按照宗教许可的排除标准加以制定。这些差异是按照前世的为“善”或为“恶”来解释的。因此，根据希罗（Hiro）的研究，圣书之一，《摩奴法典》（*Manusmriti*）中说：

“人主要是因来自身体方面的罪行而在死后转化到非动物的

> 地步；特别是因言论上的错误而变成鸟兽的形相；尤其是因思想
> 上的错误而转生到最低贱的种姓中。”[1]婆罗门教的建制者因此责 1
> 令低等种姓的人毫不怀疑地接受他们在生活中的位置，并记着，
> 如果他们在今生遵守被分派的“法”（*dharma*，即职责），来世
> 他们会得到回报，有一个更好的身份地位。[2]

在压力下，建制者的标准手段之一是收紧其成员对自身及广大的被统治者群体的约束，对这些约束的遵守又可以作为自身群体卡里斯玛及外来者蒙羞的标志。在公元前100年到公元100年之间的某个时候，婆罗门教建制者受到来自竞争对手佛教传教士的压力，从笃信佛教的阿育王统治以来，这种压力一直在增加。正是在这一时期，婆罗门自己放弃了吃肉，整个种姓人口开始禁食牛肉，牛完全占据了神灵象征的地位，因此不能被杀死。和日本的情况一样，这些因工作被视作不洁，故本人被认为是社会污染者的职业群体，早就存在。食用和屠宰动物的禁忌的加强最终造成了他们的无种姓地位。屠夫、皮革工人、渔民、刽子手、清道夫及类似的职业群体，人们认为与他们接触会受到污染。几个世纪以来，他们的成员被视作世袭的无种姓者、贱民。

对于生活在相对富裕的工业社会的人来说，需要运用想象力，才能再现在那种处境下的人类存在方式和感受方式。但这是值得做的。

---

[1] 这一段借用了《摩奴法典》的中文翻译（迭朗善译、马香雪转译:《摩奴法典》，商务印书馆，1996年，第291页）。——译注

[2] Hiro, *The Untouchables of India*, p. 5.

在很长一段时间里，被玷污的我群形象支配和误导了一个人的自我形象。它对个体的人的形象加以掩盖的方式，在支配性信仰并不认同社会外来者有污染感的社会中，可能并不易见。这种噩梦般的、充斥着被玷污的我群形象的世界很容易被视为异域。但是一些在温斯顿帕尔瓦的老鼠巷（建制群体这样称呼它）长大的孩子，可能为类似的被玷污的我群形象感到痛苦，最后变成了偏离者（deviant）。只要建制
li 者—外来者关系存在，这种感觉就会永远存在。与外来者群体接触所引起的深深的不安感可能没有那么强烈，但是即便没有宗教许可，它也具有类似的特点。其根源是害怕与一个自己和同伴眼中的失范群体接触。这个群体的成员违反了那些被责令遵守的规则，而一个人的自尊及其同伴对他的尊重皆有赖于遵守这些规则。同样，一个人对特定恩宠和美德，对群体卡里斯玛的参与，也有赖于此。

即使在温斯顿帕尔瓦这样的小环境中，也能观察到其中的一些特征。让一个小社区的微观世界照亮一个大规模社会的宏观世界，似乎是有益的，反之亦然。这是把一个小环境用作建制者—外来者关系的经验范式背后的思路，这种关系经常在其他地方以不同规模存在。相比研究更大环境下的相应关系，在小环境中，可以更好地关注一些细节。而在大背景下，其他一些特征会更突出和清晰。结合二者，会有助于我们更好地理解建制者—外来者关系的社会动态。这样的研究，把人们传统上认为不同的关系类型，放在一个概念总体下，这些关系因此更突出和生动了。

例如，我们可以更清楚地看到，规范，尤其是自我约束（self-restraint）标准的差异，在建制者—外来者关系中所发挥的作用。建制群体倾向

于视这些差异为刺激，部分因为他们自身对规范的遵守关联着其自爱、其群体卡里斯玛信仰，部分因为他人不遵守他们的规范，会削弱他们自己对打破规范愿望的抵御。严格遵守各种约束对建制群体成员是至关重要的，只有这样，他们才能维持在同伴中的地位。因此，相互依存的外来者如果在遵守约束方面比较宽松，或者仅仅是被怀疑比较宽松，就会被视为对他们的立场、特定美德和恩宠的威胁。这就是在温斯顿帕尔瓦的案例中，建制者如此猛烈反击的主要原因之一。无论对错，他们与许多其他建制群体一样，感到受到三管齐下的攻击——针对他们垄断的权力资源、针对他们的群体卡里斯玛，以及针
对他们的群体规范。通过拒绝外来者群体加入他们的等级，排斥之、 lii
羞辱之，建制群体对他们感受到的攻击予以回击。外来者本身几乎没有任何攻击老住户的意图。但是他们被置于一个不愉快的、经常带有羞辱性的境地。双方都参与了整场戏的表演，好像他们是提线木偶。

于阿姆斯特丹

1976 年 3 月

第一章　有关程序的问题 1

1959—1960年，在英格兰中部一个大型且兴旺的工业城镇的边缘，温斯顿帕尔瓦[1]成为该地郊区发展的一部分。一条铁路线将它与杂乱无章增长的郊区其他部分隔开来。铁路线上的一座桥是它与大温斯顿（Winston Magna）及温斯顿其他地区的唯一联系。温斯顿帕尔瓦只有不到5000名居民，这是一个建筑相当紧凑的社区，有自己的工厂、学校、教堂、商店和俱乐部。同时有社区内部的划分。

这个社区由三个不同的街区组成，居民们都晓得它们是不同的。第1区是通常所说的中产阶级私宅区（residential area），绝大多数居民也这样认为。第2区和第3区是工人阶级区，其中第2区几乎容纳了所有当地工厂。就收入范围、职业类型和“社会阶级”而言，第2区和第3区的居民似乎没有显著区别。习惯用以上标准评估一个邻里群体（neighbourhood group）的社会结构的观察者会期望发现：两个工人阶级区有很多共同之处，两区的居民们或多或少认为他们是平等的，按照居民们的相互评级（mutual ranking）及社会关系和交

[1]　本研究中所有易于识别的名称均已经修改。

流的障碍，温斯顿帕尔瓦社区生活的主要分界线应该一边是中产阶级区，另一边是两个工人阶级区。

实际的构型则不然。一项初步调查表明，不仅是第 1 区的中产阶级居民，第 2 区的工人阶级居民也认为自己及他们邻居的社会地位比
2 第 3 区居民高，两个工人阶级街区间的社会障碍，如果不比当地工人阶级和中产阶级街区间在社会关系和交流上的障碍更大，至少是一样大的。第 3 区的住户本身虽然不无勉强和带着些许苦涩，但好像也接受了地方上的这种看法，即与第 2 区相比，他们处于更劣等的地位。人们不禁要问：为什么他们默许了这点？第 2 区的居民是如何肯定和维持他们的地位优势的？什么权力资源使他们可以这样做？是两个工人阶级区居民的职业差异比看起来的更大吗？它能解释两个街区的地位差异吗？两个群体的收入有显著差异吗？还是他们的住房大小和租金有显著差异？如果没有，还有哪些因素可以解释，就社会关系而言二者间的地位差异？

不难找到一个初步答案。第 2 区是老区，第 3 区是一个新工人阶级区。第 2 区居民的家庭大部分在该街区生活了相当长的时间，他们是在这里定居的老住户，他们觉得自己属于这里，这个地方也属于他们。第 3 区的居民是新来者，他们在温斯顿帕尔瓦居住时间相对较短。相比于老居民，他们依然是外来者。这样的关系似乎是值得详细考察的。在老街区，新屋苑常常如雨后春笋般地涌现出来。除了常与快速增长的城市化和工业化相伴的迁徙性社会流动（migratory social mobility），战争和革命也一次次地将大批移民——潜在的定居者带到老社区的四邻。

随意观察一下，就可发现一个众所周知的事实：居住时间长短（length of residence）是决定家庭和群体等级排名的一个因素。在对 3
上流阶级和中产阶级群体（upper- and middle-class groups）的研究中，特别用“老家庭”和“新家庭”、“老财富”（old wealth）和“新财富”（new wealth）的对比作影射的，并不罕见，而且由一个“老家庭”的关系网络占据社会的核心，这种情况不仅在国家一级，也在地方层级广为人知，它是许多社区社会分层和社会结构的一个强有力因素。

不过可能少为人知的是，在工人阶级群体的关系中，类似的区别也起作用。而此类情况尤其适合用来凸显一个将所有这些现象关联起来的一般性问题，即为什么在某些条件下，一个群体的“老”会被认为是带来声望（prestige giving）的因素，“新”则是一种批评。人们可能会预期，工人阶级群体不太容易出现这种等级排名，因为在其他阶级中，等级排名通常关联的是财富的“新”或“老”。但是诸如“老工人阶级区”（old working-class district）这样的表达在相关文献中确实出现过，不过通常停留在外行随意观察的水平上，与社会学理论无关。很明显，“老的”和“新的”这样的修饰语用于社会构成（social formations）时，指的是居住时间或者成员及其家庭相识时间的长短差异。可能不太明显的是，这些术语还指出了群体结构的具体差异及这种结构差异在等级排名中所起的作用。

诸如温斯顿帕尔瓦这样的小社区似乎提供了一个很好的机会，让我们更好地理解以上这些问题。问题是，一个更系统的调查是否可能以及能在多大程度上证实人们对温斯顿帕尔瓦三个区之间关系的印象，我们能否更好地了解这种构型的成因，同时对这种关系类型，提出一个试验性的构型模型（configurational model），作为研究类似或相关现象时的向导，并有待检验。

除了以上这些实质性问题，还有一些程序性问题。温斯顿帕尔瓦是一个相对较小的社区。本书的一位作者曾在那里工作多年，有亲身的经验和了解。他在每个区的选民登记册上，以每隔三十取一的方式
4 进行抽样，对选出的家庭进行了访谈。他还访谈了当地志愿协会的领导人，分析了成员名单。有一段时间，他组织了一家当地青年俱乐部，并在当地的一所学校任教。这位作者还能利用含有学生家长的职业和住址信息的记录卡。

访谈和记录卡使我们有可能汇集定量数据，并以统计表的形式展示其中的部分。但是以这种方式收集的定量数据只能作为研究这类问题所需要的证据的一部分。在搞清楚“结构性”差异——在此语境下使用“结构”一词时通常所指的那类，如职业或收入差异——是否大到可以解释当地声称存在于两个工人阶级街区间的地位差异，或者解释两个街区有关自身的不同形象（images），解释“优等”街区成员对“劣等”街区成员的相对较高的排他性上，它们是有帮助的。

但是，事实证明，这样的声称、这样的形象、这样的社会交流障碍，仅仅用这个或那个可量化的因素是不能解释的。它不能用旨在测量“因素”（factors）或“变量”（variables）的程序来解释，好像它们每一个都存在着，可以独立于整个社会构型自行变化——简言之，这些程序基于一个未明言的假设，即社会现象是各种变量的结合，可与作为自然科学家主要模型之一的原子粒子（atomic particles）的结

合相比拟。

亦不能用现在统计程序中常常暗含的另一假设来解释，即假定在访谈过程中遇到的个体的态度和信仰，首先是由被访谈的个体独立于其他个体而形成的，好像他们首先是在静止的象牙塔里，然后才与他人发生联系。许多有关态度和意见的统计调查中暗含的另一未明言的假设，在这种情况下就更不可信了，即假设权力是在个人间平均分配的，因此每一个人都能独立于其他人的想法发出自己的意见。

所有这些假设都符合一种程序，它只用于一种社会的概念，即社会是人的集合体或堆积体，是“统计人口”，它使人们的注意力从相互依存的人与人之间形成的特定构型、特定社会结构移开。

在温斯顿帕尔瓦，很快变得很明显的是，人们从访谈或其他地方获得的回答，尤其是有关不同街区内部及街区之间构型的回答，首先不是对每个个体各自形成的观念的表达。个体回答是共同信仰和态度必不可少的一部分，在凝聚力较高的第 2 区，共同信仰和态度通过各种形式的社会压力和社会控制来维持，在凝聚力不那么强的第 3 区，则主要依靠共同处境产生的压力来维持。换句话说，这些回答代表了通行于这些街区的标准信仰和态度的个体差异。

很可能，某些被访谈者持有的观点与所在街区的标准观念和信仰有分歧。但是惯常类型的访谈只是找出人们态度和意见的一些简陋和现成的方法。它们很少穿透表面。在这样的社区里，可以想见，在接受陌生人的访谈时，人们会更愿意给出一些占主导地位的标准观念，而非偏离这些标准的任何个人意见。很明显，在像第 2 区这样一个紧密联结的社区，人们渴望做出团结一致的样子，给陌生人留下最好的印象。即使是第 2 区内的外来者（只要对这个区稍加熟悉，就能识别出来），也会理所当然地给出通行于该街区的标准回答。

如果一个人在温斯顿帕尔瓦工作了一段时间，那他对这些就了然
6 无疑了。甚至不用复杂的统计技术，就能搞明白它们。在这种社会背景下，只要观察者的眼睛没有被预设的教条遮蔽，那种认为一个人有关社会规范的概念是从个人意见的集合中抽象或概括出来的观念，就会很快被打消。一个人有关自己及其他相邻街区的意见，在这种背景下和在许多其他背景下一样，首先不是每个人靠自己形成的，而是在社区内不断交换意见而形成的。在这个过程中，个人对彼此施加相当大的压力，使其在言语和行为上符合社区的共同形象。在这种街区控制的模式（pattern of neighbourhood control）中，最受尊敬的家庭网络占据了关键位置。只要他们有足够的权力，就能充当社区形象及公共认可的意见和态度的卫士。不需要统计，人们就可以非常有把握地确定什么是标准的社区形象，这是第 2 区的成员在彼此的交谈中，经常直接或间接地提到的，因为那里的每一个人都认为这是理所当然的。如果一个本区的人不接受它，就可能引起不小的轰动。但据我们所知，从来没有人这样做过。在这方面，意见的一致性几乎不亚于人们使用的共同语言。在这种情况下，无需采取传统的随机抽样，就可以很确定地获知人们的社区信仰和态度，尽管我们还是遵照传统这么做了。

调查的其他方面也表明，在这种社会背景下，如果没有训练有素的参与观察者通过系统调查所获得的知识，仅从对访谈的统计分析中得出的推论价值有限。下面是一个例子。

总的来说，温斯顿帕尔瓦三个区的居民用相当惯常的方式看待自身和对方。他们视第 1 区是“上等区”（better-class area）或“私宅区”，第 2 区和第 3 区同为“工人阶级区”，尽管第 2 区的居民认为自己所在的区要优等得多。但是，如果仔细观察，很快会发现，每个区 7
都有自己的少数群体。第 1 区有一排房，住的是从事体力劳动的工人，同时在某些中产阶级的住宅内，住着一些工人阶级家庭，他们或者借助攒下来的战争退役金，或者靠夫妇共同收入，在第 1 区买了房。通常，他们将住在第 1 区视作社会地位提高和成功的象征。第 2 区中也有少部分中产阶级住户。第 3 区有少数人口多、麻烦多的“问题家庭”（problem families），其中部分是，而非全是非技能工人。

职业统计本该有助于勾勒出这一构型的大致轮廓。但是在这三个区的形象和关系上，构型所扮演的准确角色，仅仅通过统计分析的推论，是搞不清楚的。第 1 区的少数群体在该区的形象上没有起到任何作用。无论在日常谈话还是专门的访谈中，他们都没有被提到过与本区的声誉或地位有什么联系。第 2 区的住户偶尔会提到本区的少数群体，提到时总带着明显的自豪。这强化了他们的声称：他们的地位比第 3 区的邻居们要高。反之，第 3 区的形象和声誉受少数“问题家庭”的影响很大。“建制者”群体的声誉因少数“社会地位较高”的家庭得到提升，“外来者”群体的声誉则被他们之中“最底层”部分的活动彻底污染了。

因此，在这个小环境中，人们遇到了，也在一定程度上学会理解了，在其他一些更大的社会环境中，围绕社会形象会有的错觉：“建制者”，一个社会中有权势的统治阶层，在自我呈现及与他人交流时，倾向于用“最优的少数”（minority of the best）为群体形象样板，倾向于理想化。与“建制”群体相比没有什么权力的“外来者”，则倾向于用“最劣的少数”（minority of the worst）为群体形象样板，倾向于贬损化（denigration）。

通过访谈及更系统的观察，可以检验这一在初步观察中浮现出
8 的特定构型的假设模型。但是，进行检验需要安排访谈和有重点的观察，这又需要有训练有素的观察者在场，他不仅有统计分析的训练，还受过训练，能够感知这样的构型，进行构型分析和概要（synopsis）。尽管在实践中，后者是社会学家经常做的，人们还是经常用前者概念化社会学的程序，好像只有前者才是科学可靠和正当的。人们似乎常常觉得，只有统计分析才能提供社会学调查所期望的不带个人色彩的确定性。不是基于对可量化属性的度量而形成的陈述常常被斥为“印象性的”、“仅仅是描述性的”或“主观的”。先前的其他调查者一定已受一种概念化的不充分性的困扰，它意味着任何没有提到统计数据的口头陈述都必然会被认为是不可靠的、不精确的和科学上可疑的，关于社会现象唯一可得的确定性要基于那些能告诉我们现象 A 比现象 B 在数量上多多少的陈述。但是这种类型的陈述常常不太有启发性，除非能够结合其他有关现象 A 和现象 B 联系模式的陈述，除非有关构型的确定性的程序能够充实有关量的确定性的程序。

事实上，这些构型分析和概要程序，构成了许多社会学调查不可缺少的一部分。它们在建立大大小小的社会模型，如有关官僚机构或村庄的模型、有关权力系统平衡或家庭的模型中，都发挥了作用。在

发展、形成和修正社会学假设和理论的过程中，处处可发现它们。它
们发挥了作用，但是它们依然没有被充分概念化为一门科学的程序特
征，这门科学的中心任务是将个体作为群体来研究，研究这样的个体
组成的构型。首先将个体作为孤立的个体来研究，然后研究这样的个
体形成的构型，这种奇怪的观念将对构型的调查搞得很乱。显然，作 9
为一门科学的社会学的贫困化，就来自这种流行的社会学方法的评
价，来自这样的假设：若要得到社会学问题的可靠答案，用统计方法
就足够了。它导致一种状况，即与社会学相关的广大问题领域，或者
未被涉足，或者虽有所探查，但只有那些伟大的学者才可免于“仅仅
是描述性的”这一诋毁（如马克斯·韦伯[Max Weber]的大部分经验
研究），又或者一些研究被当作非统计性的调查，仅仅因为它们虽然
看起来富有成果，却没有清晰地显示出这些研究采取的程序的性质。

因此，用这些构型分析和概要程序，很大程度上仍局限于个体天赋的偶然。如何系统地观察和概念化个体们是如何结合为一体的，如何及为什么会形成特定的构型，这一构型如何和为什么会发生变化，以及在某些情况下发生演进——这些都尚未成为社会学家训练中不可或缺的一部分。但是要克服以统计程序为核心的社会学调查的局限性，要么两类训练不同的调查者联手合作，即所受训练是感知和操控单一因素或变量的调查者，与所受训练是感知和操控（至少在概念上）构型——做精确构型分析的调查者，要么前者本人就会做后一类事。

构型模型（models of configurations）、社会模式或结构模型（models of social patterns or structures）的准确性和可靠性不亚于

测量孤立因素或变量的定量结果。它们所缺乏的仅是基于定量分析的推断，后者经常被误以为是精确的，给人一种定论的错觉。与一般的假设和理论一样，它们代表的是现有知识储备的延伸、发展或改进，但是它们不能装作求知路上的绝对终点，这一终点正如神话中的贤者之石（philosopher’s stone），是不存在的。构型模型、构型调查（configurational enquiry）的结果，是一个过程的一部分，一个不断扩张的调查领域的一部分，并且根据发展情况，它们本身会接受批评，进行修订和改进，会随着进一步的考察有新的成果。

每一次统计调查表面上的定论性与环环相扣的构型调查的开放性、发展性，与纯统计分析的思维方式和社会学分析的思维方式间的基本差异，是紧密相连的。在两种情况下，分析都意味着在一段时间内，将注意力集中于构型的一个要素（element），或说一个“因子”、“变量”、“方面”（aspect），随便人们如何称呼。但是在纯粹的统计分析中，孤立地研究这些要素被视为最初的任务，并且常常是主要任务。“因子”或“变量”及它们的数量属性被视为在实际现实中独立于它们在构型中的位置及功能，而统计的相关性，包括关系的统计相关性，从来只是孤立的因子间的相关性。社会学分析是基于这样的假设：一个构型中的每一个要素及其属性只取决于它们在构型中的位置和功能。在这种情况下，对要素的离析只是研究操作中一个临时的步骤，后续会补充其他要素及对各个要素的整合和综合，前者需要后者，正如后者也需要前者。分析与概要的辩证运动循环不止，无始无终。

根据传统统计分析的假设，人们有理由认为，确定温斯顿帕尔瓦三个区中每个区的规模或其他数量属性，以及在每个区内少数和多

数群体的数量属性，就足以解释少数群体在这三个区及他们各自的
群体形象中所起的不同作用。但是无论多么精确，对于构型分析和
概要中所面对的那些问题，仅仅定量关系的发现都不能引导出充分
的答案。构型分析围绕着这样一些问题："中产阶级私宅区的少数工 11
人阶级""老工人阶级区的少数中产阶级""新工人阶级区的问题家
庭""'老家庭'的网络与新来者的关系""建制精英家庭与外来者的
关系"。无论仔细地建立多少统计关联，仅靠它们，都不能使我们清
楚地了解这些构型的运作方式及其如何影响了居住在那里的人们。例
如，仅凭定量分析，不能推知：在一个中产阶级私宅区存在少数工人
阶级群体，这对于这个私宅区的人、他们的生活方式、他们的我群和
他群形象，是无关紧要的；而对于新工人阶级区的生活条件和形象，
这个区的少数群体则具有无比高的重要性。在某些情况下，数量差异
和关系作为社会指数非常有用。第 3 区的租金普遍低于第 2 区，第 2
区的租金普遍低于第 1 区，这当然是有启发的。但是实际的构型，三
个区之间的复杂关系，只有用语言符号，才能充分地展示和解释。没
有词语为研究工具，数字就会一直沉默。少数群体在不同构型扮演的
不同角色就是一个例子。在诸如第 3 区这样的街区，一个特定的少数
群体起了大得不成比例的作用。目前采用的统计分析似乎暗示，数值
越大，重要性越高。在温斯顿帕尔瓦的少数群体，就像在许多其他情
况下一样，社会学的重要性与统计上的重要性完全不能画等号。他们
指出了一个大家都知道但是未必充分注意的事实：社会数据可以具有
社会学的重要性而没有统计上的重要性，同时也可以具有统计上的重
要性而没有社会学的重要性。

以下事实加强了以上区分的必要性，即如果仅关注一个特定时点的社会现象——用电影语言来说，只关注“剧照”这样的静止结
12 构——就很难充分形成社会学问题框架。只有认为这些问题关乎具有过程形式的、在时间中运动的现象，才能更靠近我们所观察到的这些现象，得出全面的解释。在这项研究中，一个街区的相对“新”或“老”所起的作用就是一个例子。它意味着，被考察的现象具有历史维度，而且即使包括“居住时间”这个指标，定量发现也不足以获得“新”和“老”这样的标签所指示出的构型和结构上的差异。

如果“新”和“老”的差异仍然极少被视为指示群体结构差异的属性，这很大程度上是由于支配性的社会结构的概念有强烈的倾向，将结构视为“静止的”、“稳定状态的结构”，结构在时间上的运动，无论它们具有发展的形式或其他类型的社会变迁，则都被视为“历史的”。在社会学家的语言中，这通常意味着某种结构以外的东西，不被视为社会结构本身不可磨灭的属性。

在这项研究中，很容易确定第 2 区与第 3 区相比有多老，工人阶级家庭在第 2 区定居的时间比在第 3 区长多少。收集这两个区其他差异的统计数据也不难。但是统计方法本身不能澄清“新”和“老”所导致的结构性差异。只有当显示出数量差异的数字被视为两个工人阶级区结构差异的指标时，数量差异对于温斯顿帕尔瓦不同街区的关系，尤其是对于两个工人阶级区的地位差异的重要性才会被提出来，以及被解释。两个区的结构性差异是由温斯顿帕尔瓦及其各区的发展方式造成的，只有用非定量的描述性术语将它说成构型上的差异，才能精确表达。

查尔斯·威尔逊（Charles Wilson）是温斯顿帕尔瓦的创立者，他是一个有事业心的人，1880年代成立了一家公司，在大温斯顿的一个老村与铁路线和运河之间的一块草地上，建造房屋、工厂和商店。在这块土地上，他的公司花了七年时间，建了700间样式一样的砖砌小屋、几个机车库、几家工厂，以及一座铸铁结构的新教堂。

一些老住户依然记得查尔斯·威尔逊如何驾着马车穿过他创建的乡镇的街道，向新"村民们"（villagers）举起他的高顶礼帽。他们记得在砖厂选址时，他表现出的聪明才智使之可以通过一条隧道直接进入铁路边线。一名男子在访谈中提起，这位传奇男子在他位于主路的大房子里举行了热闹派对，以庆祝他儿子加入的球队赢得了一场足球比赛。这样的回忆可能会让温斯顿帕尔瓦的创立者高兴，但是为了确保人们在他死后依然会记得他，他给主路以南的每条街道起了名，这些名字打头的字母合在一起就是他的名字：

Ch .... Chestnut Street（栗树街）

A .... Acorn Street（橡果街）

S .... Sycamore Street（梧桐街）

W .... Willow Street（垂柳街）

I .... Ilex Street（冬青街）

L .... Lime Street（欧椴树街）

S .... Sloe Street（黑刺李街）

O .... Orchard Street（果园街）

N .... New Street（新街）

14 这个故事流传下来，并不断被告知新来者。在调查的前几周，一位伦敦大撤退者的儿子向我们指出了这些街道名称的意义。查尔斯·威尔逊建起的部分，是温斯顿帕尔瓦最古老的部分，也就是如今的第 2 区。八十年的岁月足以给在这里定居和生活的家庭一种强烈的归属感。他们都“相互认识”，能够认出对方。尽管一开始这就是一个工业聚居区，当地的居民从来没有从事过农职，但是温斯顿帕尔瓦最古老的这部分区域却被此地的居民亲切地，甚至略带自豪地称为“村庄”。

位于“村庄”北部的第 1 区是后来建成的。那里的大部分房屋是在 1920 和 1930 年代由当地的一些小建筑商建造的。这些房子都是独栋或半独栋的。它们满足了专业人士和商务人士的需求。随着时间的推移，第 2 区的一些富裕技能工人和因经商致富的人迁入第 1 区，这成为他们成功的外部象征。这样，一些家庭就在第 1 区和第 2 区都有血亲分支，前者构成了“村庄”和整个温斯顿帕尔瓦地区的某种上层阶级。

第 3 区是 1930 年代一家私人投资公司建设的，位于主干铁路线与运河以北的支线之间。老住户说，查尔斯·威尔逊没有开发这片土地，因为这是一片沼泽地，有很多老鼠。正如我们会看到的，“村民们”一直称这个区为“老鼠巷”。一位受访者，他是当地议会的成员，记得“村庄”的领头住户向议会抗议开发临近他们的这片土地，认为这会拉低当地的标准。无论事情的真相如何，投资公司于 1930 年代开始在那里建造了若干排带花园的小房子，并刊登广告出租。据被访者的记忆，尽管在很长一段时间内房租一直较低，“村庄”里的人几乎没有搬到新房子去的。几乎所有回应广告的人都是新来者。很多人，明显是来自英格兰北部，被当地较多的就业机会吸引而来。其中 15
一位来自约克郡的移民记得，有人递给他一盒无人居住的房子的钥匙，告诉他“随便选”。还有些房子由新参加当地军团的男子的家庭居住。据年长的住户说，直到 1939 年，这片屋苑中相当数量的房子依然没有租户。

后来住户满了，不是由于租金低，而是这个国家各种条件变化了的结果。慕尼黑危机后，更多的地方军团的军士家庭迁入。1940 年，发展模式发生了更为剧烈的变化。对英国的轰炸真正开始，被疏散的人搬了进来。一家伦敦的军工厂的厂房被炸毁了，工厂全部转移到温斯顿帕尔瓦，利用靠近运河的一间废弃厂房进行生产。超过 100 名伦敦人加入了温斯顿帕尔瓦这个小社区。这种突然的“大规模移民”对本地住户和移民都产生了强烈的影响。在访谈中，温斯顿帕尔瓦老区的人们回忆了被疏散者抵达时的困难处境。他们在轰炸中失去了家和大部分的家庭财产。当地一家制造商的呼吁立刻得到了响应，“村民们”捐出了衣服、烹饪器具和家具。但是在讲述这些事时，老住户鲜少会忘记提起，几天后，一些他们送给这些移民的礼物就出现在了当铺的橱窗里。

这些记忆很可能是有选择性的。第一波伦敦人及绝大多数其他早期移民像绝大多数“村民”一样，是技能或半技能工人。新来者的工资水平并不明显低于本地住户工人阶级家庭的薪资。但是新来者的习俗、传统和整个生活方式与当地住户不同。此外，新来者中还有少部分是非技能的劳工，他们来此定居，因为这里有很多战时工作。他们的行为标准，看起来似乎不仅有别于“村民”，也与这片屋苑的大部
16 分住户不同。这种类型的移民劳工的存在，无疑是整个屋苑在温斯顿帕尔瓦的街区排名中地位较低的原因之一。

因此，老住户和新来者之间有很大差异。要找到适当的概念去表达它们并不容易。它们代表了一种独特的社会分层形式。移民形成了一个地位排名低于建制工人阶级住户的阶层，但是我们很难把这两个工人阶级街区间的差异称为阶级差异。简单和纯粹地谈论地位差异可能会产生误导，因为这个术语经常被用于同一街区内部家庭排名（ranking of families）的差异。在温斯顿帕尔瓦，人们发现的是三个街区本身的社会排名（social ranking）差异。一旦老住户和新来者开始仔细地评估对方，他们就在摩擦中表达自己。在进行此项研究时，人们还记得的一个早期例子是两个群体成员在当地酒吧的分布。与其他英格兰社区一样，“酒馆”是温斯顿帕尔瓦社区生活的中心机构之一。温斯顿帕尔瓦的两家酒吧之一，“野兔和猎犬”（The Hare and Hounds）位于军工厂与第3区之间的路上。一些“伦敦人”

和少量其他移民时不时聚在那儿。造访这家酒吧的“村民”对新来者
表示不满，他们退出了“野兔和猎犬”，将另一家酒吧，“老鹰”（The
Eagle），专门留给自己，并将找同伴的新住户拒之门外。无论对错，
在“村民”中，“野兔和猎犬”很快获得了嘈杂行为和酗酒的名声。
“村民们”之间建立的及他们所习惯的饮酒惯例，新住户并不晓得，
常常也不遵守。在“村民”眼中，陌生人的到来是一种不受欢迎的入
侵。随着一个关系紧密的移民群体的到来，在战争之初确立的两个群 17
体的隔离（segregation），渐渐成为一种地方传统力量。近二十年后，
在本项研究期间，它依然完整地维续着。

人们可以在这里看到它是如何起源的。新来者最初对其中一家酒吧的“征服”是新老住户之间摩擦的征候，而非起因。重建两个群体的初始处境及他们关系的发展有助于理解在研究期间所获得的整套关系模式。我们需要对这种关系的形成有一些了解，才能理解第 2 区的居民如何能成功地标榜自己的地位比第 3 区居民高，反过来又承认绝大多数第 1 区的居民比他们地位高。不能澄清和解释这种地位次序，我们就缺少理解社区生活其他方面的钥匙。

人们可能想把新老住户间的紧张关系归咎于某一方。事实上，在我们目前的社会技术水平上，这是两个以前独立的群体变得相互依存过程中的正常伴随物。如果考虑到从这一新建立的相互依存中产生的构型，过去的陌生人，成为同一社区中的成员和邻居，人们就能明白避免紧张是多么困难的事。酒吧里发生的事就是一个很好的例子。每个群体的成员都希望在同伴的陪伴下，以他们喜欢的方式、习惯的方式，获得放松。老住户可以接受新来者是一些需要帮助的人，如果后

者接受他们的庇护，满足于在地位等级制中，由联系更紧密且有地位意识的建制者社区至少在一段考察期内分配给自己的较低位置。一般来说，这些社区希望新来者适应他们的规范和信仰，屈从他们的社会控制，并且要显示出愿意“融入”。

18 但是屋苑的新来者——尤其是“伦敦人”，他们至少在最初是一个相当紧密的群体——在温斯顿帕尔瓦继续像以前一样行事。如果可以从“伦敦人”这类群体的角度判断，他们可能不会反对“村民”加入他们在酒吧的圈子，分享他们的喧闹乐趣。这可能是他们所期望的。他们习惯了大都市中下层工人阶级群体中盛行的更宽松随意的同志情谊，他们的规范和标准没有许多地位更高的群体那么严格，这可能因为他们没有同样的需要，如持续地约束自己，以显示和维护他们对他人的地位优势。此外，与“村民”相比，移民之间的凝聚力相对较小。他们是一个相对开放、排他性不太强的群体。

在那个时候，“村民”显然已经形成了一个关系相对更亲密的群体。他们发展了自己的传统和标准。那些不遵守他们的规范的人被视为劣等人，排除在外。因此他们退出了移民选择作为聚会地点的酒吧。并且，他们利用在一个完备建制及非常亲密的社区中已有的全部有特色的武器，反对新来者的入侵。这些新来者出于种种原因不能适应他们的传统和规范，因此威胁到了他们的社区地位和身份，新来者一定也能感到这一点。这些武器包括：排斥新来者加入自己的等级；冷落、怠慢他们；将他们排除在所有社会权力职位之外，无论是在地方政治、志愿协会，还是在任何自己的影响力占主导地位的社会组织。更重要的是，他们发展了一种“意识形态”作为武器，这是一

套态度和信仰系统，强化和合理化他们自身的优等性，同时将屋苑的
人打上劣等人的印记。围绕着某些老套的主题，他们的地位意识形态
通过持续不断的闲言碎语来传播和维持，这些闲言碎语紧扣着任何在
“村庄”发生的、有助于提高“村庄”共同体的事件，以及任何在屋苑
的人之间发生的、会强化屋苑负面形象的事件。它还有助于阻止对任 19
何可能与之矛盾的事件的感知。这并不意味着“村民”间有一个协调
一致的计划，他们按这个计划行事。这是面对特定处境不自觉地做出
的，与整个结构、整个传统及“村庄”共同体的整体视野相一致的反
应。这也不意味着存在个人恩怨，甚至不意味着两个邻里群体的所有
成员之间有持续的个人摩擦。两个街区的许多个体间有良好的私人关
系。非常多第 2 区和第 3 区的男性和女性在同一家当地工厂工作，他
们还经常处于同一工作级别。在调查中，没有人提到来自不同区的居
民在工作上有什么困难。两个街区的成员显然欣然接受对方作为工人
的职业角色。在这种情况下，来自第 2 区的男性和女性与第 3 区的男
性和女性看上去保持着正常的友好关系。但是前者对后者的接受是有
一定限度的。排他性的态度和意识形态主要在职业生活以外的角色上
发挥作用。它们无时无处不在，但是在工作时间、在他们处于工人角
色时表现较少，更多地表现在工作之外的休闲活动时，表现在作为生
活在不同街区的家庭成员的角色时。即使在调查时，在被疏散人员到
本地二十年后，“村庄”中上了年纪的居民依然把屋苑的人说成“外
国人”，表示“一句也听不懂他们在说什么”。一位当地报纸的记者依
然这样评论：“当然，他们是伦敦人，你必须记住这一点，他们有不
同的方式，因此他们与这里的老人们不同。”一位老太太直言不讳地

称屋苑是“伦敦佬的殖民地”。但事实上，伦敦人绝不是唯一的移民。在战时，搬进屋苑房子的新来者有一些是来自达勒姆（Durham）、兰
20 开夏郡（Lancashire）、威尔士和爱尔兰的；后来又来了其他一些人。在建制群体的贬斥性刻板印象中，他们都被混为一谈。战后，原伦敦工厂扩大了生产，一些伦敦家庭回到了伦敦东区，但大多数人留在了温斯顿帕尔瓦。留下者的准确数字已经无法知晓了。工厂的老板说，轰炸后，“有100个工人和家庭来到这儿”，但回到伦敦的人数他就没有记录了。按照议会助理秘书的说法，战时人口流动、租金和住房分配的记录被有意销毁了，因为战后地方政府的工作扩张，需要腾出更多的档案文件柜备用。

尽管确定准确的来去人数的努力没有什么成果，但是实际构型、屋苑的独特社区结构，以及由此形成的它与“村庄”社区的关系，已经足够清楚了。这是一种如今逐渐消失的工业社区类型，生活在相对孤立的环境中，就邻里之间的联系而言，具有相当高的自给自足和凝聚力，也许正因为此，在其成员的想象中，它如同一个村庄，被来自英国不同地区的移民群体包围。后者成为他们的邻居，经常还是他们的工友，在行政上是同一社区的一部分，这部分由于战时对劳动力的疏散和指导，部分出于寻求就业机会或更好的就业出路。“村民们”在当地有很强的根基；而所有移民最初都是背井离乡的人，他们中的许多人来自英国的不同地方，彼此陌生，这使得他们很难发展出自己的社区生活。

近二十年后人们在这里发现的社区结构，主要是这两个群体的遭
21 遇（encounter），以及随后演变出的依存和对抗相混合的结果。如果

使用“老工人阶级区”和“新工人阶级区”这样的术语，而不提它的发展，就不可能理解温斯顿帕尔瓦的社区结构。

在社区研究中，就像在许多其他社会学研究中一样，对考察中的人的组织发展的研究常常被视为与对特定时间下的结构的研究无关。按照当下的思维习惯，历史没有结构，结构没有历史。因此，目前为止关于温斯顿帕尔瓦的发展，尤其是两个工人阶级街区的发展所说的东西，很容易被误解为一种“历史简介”，是对温斯顿帕尔瓦的结构考察的一种“纯粹描述性的”和无关紧要的补充——“结构”这时被设想为是“静止的”。但是，如果不参考温斯顿帕尔瓦的发展，它在调查时的结构就会一直是不可理解的。有关发展的略述构成了对结构——特定时间该社区的构型——的调查一个不可或缺的部分。尤其是，如果不参考温斯顿帕尔瓦作为一个社区的发展，第 2 区和第 3 区的地位差异就会一直无法解释，这就像如果人们把调查局限于对调查期间，单一因素或变量及其相关性的统计测量，第 2 区和第 3 区的地位差异也就同样一直无法解释。

我们不能省略这些测量。统计表格和从中得出的推论，在过去和现在的发展研究和构型研究中，一直占了一席之地。因此，在两个工人阶级街区的案例中，我们不能排除这样的可能性，即职业差异和其他类似因素足够重要，能够为温斯顿帕尔瓦的地位梯度提供足够的解释。但是，实际情况是，在这个案例中，统计差异不够显著，不足以说明和解释为什么在这个社区，一个工人阶级区的成员会认定自己的地位比邻近的工人阶级区的成员高很多，并且不会有人觉得这是错的。这类问题需要将“新老之别”（old-new distinction）当作时间内 22

的一个过程来考察。它要求建立这样一个社区结构的模型，作为其发展的一个方面，它可以解释为什么一个街区相对于另一个街区有足够的权力以成功声称对后者的地位优势，以及它所带来的一切。一旦建立起来，人们就可以检查这个模型在多大程度上与可观察到的事实相一致，如果没有通过检验，可以修改它或放弃它，还可以把它交给从事相关研究的其他人做进一步测试，视情况加以修正或者彻底推翻。

这就是使我们有可能考察和解释结构性特征的程序。这些结构性特征最初被视为是“静止的”，作为一个社区在特定时刻的特征，如越轨行为率的差异，后来则作为一个构型的指标，代表了在社区发展中的某个阶段。这个案例表明，在对特定时间人类群体结构的调查和对它们变成现在这样的过程的结构的调查之间，做概念和方法的区分，这种分离完全是人为的。新老群体的遭遇，迫使他们作为同一社区的成员生活在一起的压力，都不是偶然的事件。它们构成了长期和大规模进程——人们会在诸如“工业化”“城市化”或“社区发展”这类标题下提到这一进程——中一个微小的，但并非没有特点的插曲。如果不把它们看作这些进程中的插曲，就很难公正地对待它们。

这种进程在全球的很多社区都已经或正在发生。随着国家日益迅速的发展及由此引起的紧张、动荡和冲突，一些群体受政府管制或武力的驱赶，一次次半自愿地离开家园以求生计，到其他地方定居，往往会与一些较老的定居群体为邻或者就住在其间。但目前看来，发现自己陷于这种处境的人，以及那些试图通过行政手段处理新老群体遭遇所产生的问题的人，都倾向于认为每一次这样的遭遇都是独一无二的。
23 的。他们反思它，试图处理它，好像它只是发生在此时此地，在其他地方则不然。有些社会学研究对他们的任务帮助不大，因为它们只将社区问题作为此时此地某个特定社区的问题来处理，而没有明确指出这些特定案例的范式特征——没有指出特定社区问题中暗含的规律性，被卷入类似进程的其他社区共享这一规律性，又有相互区别的特征。因此，不时将调查焦点从比较狭窄的温斯顿帕尔瓦的问题，改变到以之为例的更宽泛的理论问题，这之所以是可取的，并不只是出于对理论探索的偏爱。此处，温斯顿帕尔瓦被展示为一个范式——一个模型，它表明特定发展如何将无助的人困于一个冲突的处境中。通过演示，并在一定程度上解释困境的性质，该模型有助于我们逐步学习，如果有进一步的发展，如何解开困境，更好地应对此类问题。

第三章　第 1 区和第 2 区的总体情况 24

温斯顿帕尔瓦是一个不断发展的工业区。1958 年，约 4185 人[1]住在这里，1959 年差不多到了 5000 人。在行政上，它构成了一个更大市区的两个区。但是一条铁路线将它与市区的主要部分隔开。横跨这条铁路线的一座桥是温斯顿帕尔瓦与市区其他部分的唯一联系。如上一章所述，温斯顿帕尔瓦分为三个区，与其发展有关。1958 年，第 1 区有 456 名居民，第 2 区 2553 名，第 3 区 1176 名。第 2 区和第 3 区之间有非常明显的界线。它们由铁路支线分隔开，只靠跨越主干道的铁路道口及运河附近的一条小隧道联系。

第 1 区通常被认为是温斯顿帕尔瓦“最好的部分”。总的来说，租金更高。它在很大程度上是一个中产阶级区，尽管并非全体居民都

[1] 温斯顿帕尔瓦的总人口数略多于此。除了构成本研究基础的三个区外，还有两小“块”人口没有包括在本调查中。第一块隶属于一个军事机构。它包括附属于当地兵站的一组房子，它们提供给已婚的官员和士官们（N.C.O.）居住。他们及他们的家庭通常不会在这里待很久。在温斯顿帕尔瓦的社区生活中，他们几乎没有发挥任何作用，因此没有纳入本研究范围。第二块包括位于第 3 区一端的七排房子。它们是城市区议会在本研究的早期新建的一个区。除了人口数和居住时间难以确定外，在研究期间，这些新移民对温斯顿帕尔瓦社区生活的影响可以忽略不计。

是中产阶级。

一份居住在第 1 区一条主街上的人的职业清单，让我们对它的住
25 户的社会构成有了相当程度的了解。

表 1　第 1 区金合欢路居民的职业

职业	人数
董事和经理	8
医生和牙医	3
企业主	3
退休专业人员	3
教师	3
工厂职员	3
工程技术人员	2
袜业工人	2
遗孀	4
苦力	1

在金合欢路的住户中出现体力劳动者，是因为在路的一端有少量小平房。在这些平房及相邻的一排排屋中，居住着 12.9% 的人口，这些人在职业统计表上被列为第 1 区的半技能工和非技能工住户。表 1 中列出的其他职业表明这条街住的主要是中产阶级。这项调查结果与在访问户主和地方志愿协会领导人时收集到的信息，以及多年来在现场的系统观察所得到的信息是一致的。

以上形成了该区的一幅相当一致的图景，没有此图景对照，两个工人阶级居住区间的关系面貌将是不完整的。第 1 区的许多居民没有积极参与温斯顿帕尔瓦的社区生活。他们在无形的围墙内过着自己的

生活，在小区内满足于中产阶级的家庭氛围。每个家庭都形成了一个相对排他的群体。他们会邀请到家里做客以及会邀请他们做客的那个熟人圈，很可能主要来自温斯顿帕尔瓦以外的地方，特别是来自温斯顿帕尔瓦所属的英格兰中部的大镇。他们靠汽车出行，交通成本不构
成一个沉重负担，这使他们有可能与不住在附近的人形成并保持相当 26
亲密的关系。

但是第 1 区的小部分住户与温斯顿帕尔瓦本身有着密切的联系，并在社区生活中发挥了非常积极的作用。其中一位住在金合欢路的男性，德鲁议员，就十分积极地参与了社区生活。他可能是该社区最著名的公民。

在调查进行时，他 60 岁出头。他的父亲是一位曼彻斯特的工程师，1880 年代搬到温斯顿帕尔瓦——议员不记得确切的年份——并且，在一段时间内经营了一家地方的铸造厂。德鲁议员本人作为建筑承包商逐渐确立了一项繁荣发展的业务。他是县议员及当地城市区议会的成员。他还是几个地方协会的主席或会长，以及担任当地两所学校的理事会成员。在第 1 区和第 2 区，他的名字可谓家喻户晓。如访谈中显示的，他在第 3 区不太有名。在议会选举中，他以独立候选人的身份参选，完全靠他在社区的地位，没有自己的政治组织。地方保守协会（Conservative Association）的成员说，他们总是帮助他。但他的竞选海报上只写着“投票给德鲁，老伙计们的朋友”。这不仅吸引着当地的“老人”，也吸引着所有共享“村庄”的共同价值观和信仰的人，他们对属于一个老建制社区感到自豪，在“归属感”中获得满足。德鲁就是这种社区精神的象征。他象征着第 1 区和第 2 区

相联系的紧密纽带。在许多方面，他扮演了温斯顿帕尔瓦非官方市长的角色。他的房子，兼具“家”、他的经营业务和社区活动中心的功能，这种方式似乎属于一个已经过去的年代，至少在城市和工业区是这样。在 1958 年，他依然在他的房子里做生意和开展社区活动。那里有一间房做他的办公室，也是其一切他所谓“村庄生活”活动的中心。无论有意还是无意，他在这个城市和工业环境中，扮演着类似乡
27 村背景下乡绅（squire）的角色。他的妻子定期在家里为教堂中的女士们举办“光明时刻”（Bright Hours）聚会。他的儿子，已婚，与父亲一起做承包业务，同样住在第 1 区，在父亲家附近。谈话中提到德鲁的名字时，最常听到的品性是“善良友好”。“村庄”中的老住户会特别强调这个事实：他“出生在这里”。他具有弗洛伊德·亨特（F. Hunter）在“地区性城市”（Regional City）中所描述的社区领袖的特征：

> 他的年龄和在社区中的地位使他能够就青年或商业状况的问题发表意见，无论这些是否与他的业务有关，他讨论人口问题、战争与和平问题及许多其他问题时，总带着一种自信的知识渊博的样子。报纸刊登他的言论，视它们是权威性的。[1]

德鲁议员是几个非正式的连锁圈子的核心人物及声望领袖。这些圈子由亲属网络和各种地方协会组成，圈子的根基在第 2 区而非第 1

[1] F. Hunter, *Community Power Structure*, 1953, Chap. III, p. 27.

区，与第 3 区则几乎没有什么联系。但是他自己在第 1 区有一个“内部的圈子”。离德鲁议员在第 1 区住的地方不远，还住着其他几位著名人物，他们是地方协会（如老人俱乐部）的主席或委员会成员。这些人与他保持着友好的关系，相互用教名称呼对方。他们一起，同时又以各自的方式，在温斯顿帕尔瓦的社区生活中发挥着主导作用。

因此，第 1 区的总体情况是一个中产阶级住户组成的社区，他们中的大部分人没有积极参与地方事务，少数人则充当社区领袖，不仅在他们自己所在的街区，而且在整个温斯顿帕尔瓦，尤其在附近被我们称为第 2 区的工人阶级街区。住在金合欢路“坏尾巴”（bad end）的小平房中的半技能和非技能工人，在地理上他们住在第 1 区，但是
在社会意义上不算这个区的住户。就第 1 区的形象而言，这个少数群 28
体的存在被忽略了。构成另一少数群体的男子的家庭，即在温斯顿帕尔瓦社区生活中起主导作用的精英群体的家庭，他们大多最初都来自第 2 区。这些人中有几位，仍有父母或其他亲戚住在第 2 区。他们是“老住户”，是“老家庭”的成员。这一事实总是被自豪地提到。它表明一个人的“归属”，即他是“出生在那里的”。原是第 2 区的人搬到第 1 区居住，这是社会成功的象征。这个过程还在继续。有几个家庭说，他们从 1945 年搬到第 1 区，他们“一直想住在这儿”。有几例是用丈夫的战争遣散费获得的抵押贷款。在从第 2 区搬到第 1 区的人中，还有几个是技能工人家庭，在当地工厂工作，他们的孩子已经离开学校。有几位，他们的妻子在当地工厂兼职。在第 1 区无人提到在第 3 区有亲戚。在与第 3 区住户的访谈和交流中，也没有发现任何这种家庭关系。

因此，当一个家庭有能力从工人阶级区搬到临近的中产阶级区时，长期居住在一个较老的工业社区所建立起的联系并没有中断。那些依然留在工人阶级街区的人似乎觉得，他们与社会地位提升的人的联系提高了自己的地位，他们似乎享受这一反射回来的荣耀。以这样一种方式，住在第 2 区、工人阶级街区的“老住户”与现在住在第 1 区、中产阶级街区的“老住户”就联系在了一起。第 1 区作为“更好的区”的形象和声誉，丝毫不会受到这一事实影响：某些住户来自工人阶级区或者大家都知道他们有工人阶级出身。在三个区的地位排名中，第 1 区的地位是最高的，这一点在第 2 区受到坦率的认可，在第 3 区则有些勉强。访谈显示出，第 1 区的住户非常清楚地意识到他
29 们相比于第 2 区和第 3 区的优等性。与 20 世纪民主国家的人通常的做法一致，他们在谈到这种优等性时，常常会用间接的、看似没有什么感情色彩的词汇，而缺少在不太民主的年代中，地位较高的人谈到其优等地位时带有的情感直接性，但这种优等感却是毫不含糊的。他们使用的语汇具有密码特征。每个具有相应地位的人都被期望理解它们的意思。他们说：“这部分更好，我们所有的家人都住在这边。”或者：“有差别。别以为我势利，但是确实有！”又或者：“在这儿，非常好。与温斯顿帕尔瓦的其他地方不一样，尤其与屋苑不同。”

正如人们会预料到的，第 2 区和第 1 区的外观不同。第 1 区的人大部分住在带车库的半独立式房子里，街道相当宽。第 2 区由数百座排屋组成，有许多狭窄的小巷和小后院。按社会阶层，可以确定地说，第 2 区和第 3 区很像，都是工人阶级街区。表 2 给出了三个区人口的“阶层”（class）分布情况。它是基于 1958 年初地方教育委员

会学校出勤官员（School Attendance Officers）做的一项调查。每个18岁及以下的孩子的父母的职业都会备注在个人记录卡上，并根据注册总署的社会阶层指标[1]进行分类。

表2　三个区入学儿童父母阶层分布

区号	人数	社会阶层									
		I		II		III		IV		V	
	总数	人数	%	人数	%	人数	%	人数	%	人数	%
1	70	9	12.9	30	42.9	22	31.4	8	11.4	1	1.4
2	444	1	0.2	51	11.4	116	26.1	167	37.8	109	24.5
3	216	—	—	7	3.2	70	32.5	71	32.9	68	31.4
	730	10		88		208		246		178	

这些数字暗示了三个区阶层分布的差异。它们表明，在第1区只有少 30

[1] 英国从1851年起根据职业和行业进行人口分类和统计。1911年，由史蒂文森（T. H. C. Stevenson）设计，在上中下三个等级的基础上，划分出五个社会等级，再加上三个行业类别（采矿、纺织和农业）。1921年，分类方案进一步修正，三个单立的行业被融入五个类别中，形成以职业及职位（如担任管理工作）为基础的社会阶层分类体系。这一统计方法的假设是，社会是一个由职业构成的等级体系。具体操作办法是，划分职业组，按照每个职业所需的专业知识和技能的程度，将不同的职业归属到不同级别的社会阶层。五个社会阶层分别是：I 专业类职业（professional, etc occupations）；II 管理和技术类职业（managerial and technical occupations）；III 技能类职业（skilled occupations），这一层又分为体力（manual）及非体力（non-manual）类职业；IV 半技能类职业（partly-skilled occupations）；V 非技能类职业（unskilled occupations）。虽然不断有微小调整（如某个职业的具体归属），但是直到1970年代初，这一体系都没有大的变化。参见David Rose and Karen O'Reilly, "Constructing Classes", in David Rose and Karen O'Reilly (ed.), *Constructing Class: Towards a New Social Classification for the UK*, Swindon, ESRC/ONS, 1997, pp. 1-4。——译注

数的第Ⅳ类阶层，而在第 2 区第Ⅱ类阶层是少数。它们清楚地显示出第 2 区和第 3 区的居民集中在第Ⅲ、Ⅳ、Ⅴ阶层，第 3 区第Ⅴ阶层的比重更大。

所有为两个工人阶级街区提供就业的工厂都位于第 2 区。这些单位包含各种小公司，主要生产鞋类和袜类，依然保持着传统的方式，明显没有太受竞争压力之苦。还有一家中等规模的公司，为军队生产仪器，以及一家规模较大，也更现代的饼干工厂。这些公司绝大部分雇佣人数少于 100。它们几乎都属于一个更大的国家集团。它们的 19 世纪晚期的建筑都经过外观的现代化改造，只有若干比较小的公司外观基本未变，看上去有些破旧。在很多情况下，公司的照明很差，机器也过时了。但就目前所知，这并没有损害工人的忠诚度，至少那些年长的工人，如一位当地人所说，“在皮靴和皮鞋厂已经五十年了”。

另一方面，温斯顿帕尔瓦最大的工厂——生产一个著名品牌的饼干——虽然最初是 19 世纪的建筑，但经过内部和外部的翻新，生产规模持续扩大。该公司吸纳了相邻的一家鞋厂，然后对其进行了部分的重建和扩建，形成了一个额外的厂房群，主导了东部的天际线。这家工厂的条件与传统行业的条件有明显的不同。工作本身的性质决定了必须更注意清洁，卫生条件以外，还可看到明确的现代生产技术趋向。色彩设计更鲜艳、使人愉悦，休息和娱乐设施很好，工资高于工会标准。

人们可能会期望，与相对比较陈旧的工厂（那里的房子不很宜人）相比，更现代的条件会在某种程度上反映出在那里工作的人的当
31 地地位。事实并非如此。饼干工厂的大部分工作是没有技术含量的，1958 年一个成年女工每周的工资为 5—7 英镑，同龄女性在一个更传

统的行业从事半技能性的工作，如果工厂能提供全日制工作，每周可以赚到 7—10 英镑。在研究期间，传统行业的工资出现了一些波动，据说主要是由于外国竞争。其中一家制鞋厂在 1958 年关闭了。

“要不时打短工”及“在不愉快的环境下工作”，这样的工作前景产生了某些不确定性，尤其是对青春期的女孩。她们面临着选择：到传统行业，工资相对较高，但是工作时长不能保障，也缺乏现代设施；到更现代的饼干工厂，工资较低，但是工作时长有规律。部分由于这种不确定性，不少年轻女孩在工作的头几个月频繁换工作。与下文有关的是，这两类工厂的工人并没有被明确划分为具有不同社会和经济地位的工人群体。在该地区这两类工厂之间存在着大量的劳动力流动。在大多数工厂，他们也没有被按照居住地划分。无论年轻还是年长，所招募的工人都来自两个工人阶级区。

这些工厂代表了温斯顿帕尔瓦的主要工厂就业来源。下表显示了在当地两家工厂就业的男性和女性人数。

所有当地工厂都位于温斯顿帕尔瓦的“村庄”，它构成了工业中心，既为当地人提供工作，也吸引其他街区的工人。在表 3 的两家工厂里，本地工人实际上是少数。妇女去工作是整个地区的习惯。已婚生活的日常规律在很多情况下要进行调整，与之适应。工厂离家近，对已婚女性有非常大的好处。对于由两代以上组成的家庭网络来说也
是如此。它使年轻女性出去工作时能将孩子留给“外婆”或者年长的 32
姨母。她们与丈夫一样赚钱也加强了她们在家庭中的地位。很可能，这种习俗与“村庄”中以母亲为中心的家庭网络的形成有一定关系。但是如果不考察其他地方这种网络形成的条件，就很难确定这一点。

表 3　两家温斯顿帕尔瓦工厂的本地和非本地工人数

本地和非本地工人	饼干厂		一家传统工厂	
	人数	%	人数	%
总数	270	100	166	100
外地工人	183	67.8	96	57.9
本地工人	87	32.2	70	42.1
男性本地工人	35	12.9	24	14.5
女性本地工人	52	19.3	46	27.6
已婚女性本地工人	39	14.4	43	25.9

在工作中与住在温斯顿帕尔瓦以外的工人的日常接触似乎对“村庄”工人的观点和态度没有什么影响。他们自己的社区对其价值观和目标的影响显然比其工作场所要强得多。他们对“村庄”及其生活方式优于屋苑的强烈信念，也没有因为他们每天在同一家工厂工作，且常常与来自屋苑的工人做同样的工作，而受到影响。表 4 举了两家工厂的例子，其中均有来自温斯顿帕尔瓦两个工人阶级街区的工人。

表 4　本地工人的分区居住

区号	饼干厂			一家传统工厂		
	男性	单身女性	已婚女性	男性	单身女性	已婚女性
1	—	—	1	2	—	—
2	22	7	21	18	2	32
3	13	6	17	4	1	11
合计	35	13	39	24	3	43

在这两个例子中，与在其他例子中一样，来自两个区的工人在同一家工厂工作，这并没有减少在工作之外分隔他们的障碍。表 4 所示 33
的情况是很典型的：本地产业对本地工人有吸引力，特别是对于两个工人阶级区的已婚妇女。但是，也有一些例外，如战争开始时与部分工人一起从伦敦疏散到当地的军工厂，它的工人就住在屋苑，其雇员中一直就很少有“村庄”的人。战后，它成为这个领域的领头工厂之一，同时发展了蓬勃的出口业务。1958 年，这家工厂雇用了大约 80 名男性和 20 名女性（其中 15 名已婚）。据管理层说，有 50 名工人（占全部劳力的一半）住在屋苑。他们是最初从伦敦疏散到此地，后来留下来的人。其余的工人，绝大多数来自附近城镇郊区的屋苑，极少有工人是从第 2 区招聘来的。在调查时，管理层刚刚试图吸引更多的本地劳力。他们邀请当地学校的学生参观工厂，有几个第 2 区的男孩同意来当学徒。

还有一两家公司，他们的雇员中也很少有来自第 2 区的工人，或者根本没有。在这几个事例中，似乎“村庄”工人的缺席与这些工厂在当地的排名或在那里工作的人有关。这几家公司中，没有一家的工 34
资水平显著低于其他本地公司的薪酬。但工作繁重，对体力要求高。以一家混凝土供应公司和一家小型铸造厂为例。1958 年，他们共雇用了大约 150 名男子。少数几位女性员工做文秘和食堂工作。我们没有他们居住地的可靠信息，但是据一位本地人估计，四分之一的工人来自温斯顿帕尔瓦，并且几乎所有都来自屋苑。就职业地位而言，他们中的绝大多数属于最低层次的工人阶级。大部分是没有技能的苦力。但是抽样调查访问到的几家，他们的生活方式与屋苑的其他住户并无明显的分界线。咨询过的一些住户，也并不将他们明显地区分为一个单独的群体，即使技能工人也是这种意见。“村庄”的人，尤其是“老家庭”的人，则倾向于视这些重体力劳动者为“典型的屋苑人”，特别是当他们有点吵闹时。

表面上看，“村庄”似乎具有高度的统一性。特别是问他们对屋苑的看法时，“村民”的答案是一样的。毫无疑问，这个区的工人阶级特征是占主导地位的。居民的主体，大约 80%，是体力劳动者，部分在本地工厂，部分在附近城镇工作。主导性的惯例同样也具有某种工人阶级街区的类型特征。如访客的礼节明显与第 1 区中产阶级家庭盛行的方式不同。在第 1 区，没有事先告知就要拜访其他家庭，是不合习惯的。一般的规则是，如果你希望某人到你家做客，你会采用某些仪式性的做法，书面也好，口头也好。除非有这样的邀请，否则主人不会期望他们到访。在“村庄”，人们不习惯正式地邀请他人到家里，除非是非常特殊的场合，如婚礼或葬礼。他们的房子对于往复的有准备的拜访和回访可能太小了，因此不能发展成他们社会传统中的
35 常规部分。收入可能也太少，或者过去太少，不足以支持在男男女女的工人间形成这样的传统。但是与中产阶级中占主导地位的惯例相反，工人阶级之间允许频率高得多的非正式拜访。尤其是女性，她们更愿意“顺便”到邻居那儿去，在后门聊天或喝杯茶。第 1 区的惯例给予中产阶级家庭隐私感，同时中产阶级也期望拥有它；而第 2 区的惯例没有给那里的人相同程度的隐私感，他们也不指望拥有它。他们的门不会对他人牢牢地关闭着；墙更薄，几乎在家里发生的任何事都在邻居的耳朵和眼睛的范围内，没有什么能隐藏。在这里，生活的私

人和公共方面，“个体”和“社会”方面，较少分开。任何有趣的消息都会通过闲言碎语的渠道迅速传播，从一家到另一家，一条街到另一条街。家庭主妇似乎是消息传播的主要载体。那些与所在街区的社区标准融为一体、“归属”于街区的人，不会因隐私的相对缺乏感到痛苦。没有“归属”才常常让他们感到痛苦。

虽然相比第 1 区和第 3 区，第 2 区拥有相对开放的交流和高度的一致性，但是随着调查的展开，我们逐渐意识到，在看似统一的工人阶级街区内部，存在一种亚分层（sub-stratification），这为一般的交流和社会关系设置了某些障碍。

“村庄”没有真正的中心，但有一条大道将它分成两个部分。大多数居民住在这条道路的南侧，房子是查尔斯·威尔逊建的，街道是以他的名字命名的。少数人居住在北侧，这部分的一块毗邻第 1 区，被广泛认为是“村庄”中的“较好部分”，不仅北侧的居民这样认为，另一边的人也这样看，虽然较少强调。

在北边的两条街上，住着一个“工人阶级精英群体”。他们主要由 36
“老家庭”和其他在职或退休的技能工人家庭组成。此外，这里还住着几家中产阶级住户，没有他们，这就会是一个完全的工人阶级区。这两条街上的大多数房子并不比“村庄”的其他地方好。但是其中有几所房子比其他房子更大，租金也略高。少数中产阶级邻居、更大的房子，可能再加上几位“老家庭”在“村庄”享有的声望，使这两条北街具有了“村庄”中“较好部分”的地位。住户似乎对居住在这里感到非常自豪。为了引起访谈者对这种区别的注意，他们经常压低半个声调，说诸如“我们街上都是好人，真的很好”这样的话。但是从职业和社会阶层看，如表 5 所示，“村庄”中精英街道和普通街道的实际差别很小。

在注册总署的分类中，有几个够资格划为第Ⅱ阶层的家庭住在第 2 区的“较好”街道上，但是在这些街道上，没有女性外出工作。在一条普通街道上，只有少数女性外出工作，但没有第Ⅱ阶层的住户。从统计学的角度，“村庄”北街的中产阶级住户数量很少。作为赋予这两条街更高地位的构型因素，少数较好阶层的邻居所起的作用肯定要大于他们的人数所暗示的。在访谈中，他们几乎总是会被提到。

表 5　第 2 区两个精英街道和两个普通街道的住户职业类型

精英街道 A		普通街道 A	
职业	人数	职业	人数
记者	1	—	—
办公室职员	1	—	—
店主	2	店主	1
工程师	3	工程师	3
—	—	货车司机	1
铁路工人	2	铁路工人	2
袜工	5	袜工	2
制鞋工	2	制鞋工	5
苦力	3	苦力	5
—	—	饼干厂女工	5
遗孀	5	遗孀	3
合计	24	合计	27

续表

精英街道 B		普通街道 B	
职业	人数	职业	人数
办公室职员	3	—	—
店主	3	—	—
车行老板	1	—	—
技术工程师	1	技术工程师	1
保险经纪人	1	—	—
货车司机	1	货车司机	1
火车司机	1	—	—
铁路工人	1	—	—
瓦匠	1	—	—
水暖工	1	—	—
袜工	2	袜工	2
制鞋工	1	制鞋工	3
苦力	1	苦力	7
遗孀	5	—	—
合计	23	合计	14

同样重要的是，这两条街道的较高地位似乎没有受到另一不同类型的少数影响，即少数住在这儿的地位较低的住户。其中一条街道有当地人都知道的“坏尾巴”。1930 年代，地方议会在这里建了一排小房

子，吸引了一种租户类型，他们比“精英”区的居民——事实上，比绝大多数“村庄”的居民——都更穷、更少有规范和地位意识、更不“体面”。与少数中产阶级住户相比，劣等的工人阶级少数，如果可以的
37 话，从不会被提起。像第1区的少数群体一样，当“村庄”的人评价他们街区的地位时，这部分人通常会被忽视，如果可能，在与“受尊敬的外来者”——如访谈者——谈话时，他们会努力掩盖有这些人。

38 因此在温斯顿帕尔瓦，即使是“村庄”这样一个“紧密联结”且看起来统一的工人阶级区，内部也有地位等级。有排名较高的亚区（sub-zones），也有排名较低的亚区，但是不能假定住在“精英街道”的每一个家庭都比住在普通街道的每一个家庭排名地位高。除了顶层和底层外，家庭和个人的地位排名，如其他地方一样，无法简单用数字来描述。但总的来说，“村里最好的家庭”会住在“较好部分”，或至少在“较好部分”有亲属。

如果地位和权力差异导致了摩擦，它们很大程度上也依然处于隐秘状态。邻里间的共同控制使公开表达很困难，这种控制会培养和奖励人们坚持对作为一个社区的“村庄”及其生活方式的高价值的共同信仰，不鼓励公开直接地表达不满，尤其是在与陌生人的交谈中。在对“合范”行为（遵从）的激励中，最强的动力之一是几乎所有“村民”共有的将自身与附近另一工人阶级街区区分开来的需要，“村庄”的公共意见是，后者的生活方式不如自己体面和正派。“村里人”排斥屋苑人进入自己的等级。生活在“村庄”的人，需要极大的勇气或者巨大的鲁莽，才会在任何涉及屋苑人的事情上，脱离“村庄看法”（village opinion）。这种情况极少发生。在这一点上，个体的取向似

乎是同意主导的“村庄看法”。总的来说，在这样的社区，个体分享社区的扬扬得意和冷落怠慢，以坚定自己社区——有时是社区内精英群体——的较高地位，会比反对它们，得到更多的满足。同时，在一个有着强大遵从压力（pressure for conformity）和严密邻里控制的社会中，如果公开地说出相反的想法，或者似乎不太情愿遵从“老家庭”的标准，等待着那个人的社会惩罚将是严重的。 39

在访谈过程中，偶尔会发现一些人被排斥的例子，支配性的“村庄”看法怀疑他们是“不遵从者”，尽管通常情况下，“好人”，尤其是精英区的“好人”，会试图掩盖在他们自己的街道上存在着社会“害群之马”。因此，在对“村庄”精英区的访谈结束时，一个中年家庭主妇问她能否知道下一个会访谈谁。当被告知时，她说：“哦，我不会去那里。哦，不！去 15 号吧，他们人很好。但不要去那儿，她是个轻浮的人，搬到这儿才一年。去休厄尔家，他们很好。”到“村庄”的“好街道”定居的新来者总是受到怀疑，除非他们显然是“好人”。需要有一个考察期，以便使建制的“好家庭”放心，他们自己的地位不会因为与一个地位和标准都不确定的邻居交往而受到影响。在下面的事例中，被排斥的“害群之马”是一位最近才搬到附近的妇女，当她被问及与邻居的关系时，她做了如下的评论：“他们非常保守，只在街上说话，其他交往就没有了。”然后，她讲述了刚到温斯顿帕尔瓦不久时，她是如何“在一个寒冷的冬日”邀请“一位清洁工进来喝杯茶”。“他们看见了。这让他们很震惊。”新来者不仅要遵守“村庄”的标准，还需要特意显示出他遵守它们。否则，在“村庄”家庭地位排名中，他就会被排到一个低等的位置，被视为外来者。这个例子说明，即使在像“村庄”这样一个相对较小、似乎没有强烈分层的社区，与地位和权力差距相关的摩擦依然存在。在温斯顿帕尔瓦这样作为整体高度分化的社区，这种类型的摩擦会更公开和直接，引人瞩目。但是仅通过这一对第2区的概览，我们已经能看到，在这样的社区结构中，人的排名次序（ranking order）占据了中心位置。

40 在今天的理论中，由在温斯顿帕尔瓦可以清楚观察到的社区地位排名（status ranking）所提出的两个问题，常常还未被考察。第一个问题有关这样的地位次序的形成。人们很容易满足于一个固定的公式，如相互地位排名：首先每一个家庭自己决定如何对所有其他家庭排名，然后社区地位次序就会从不同家庭间的意见交流中产生，也许会通过多数决定。对这类问题的思考往往似乎是类比选票程序而进行的，但不一定完全意识到这一事实：它似乎暗示，每个人对其他人的排名投票，在家庭排名上所达成的共识表明了大多数的意见。这一类比与社会源于“社会契约”的假设一样是虚构的。它忽略了一个问题，即为什么人们会忍受自己的排名低于其他人。并且，在温斯顿帕尔瓦，如在许多其他社区一样，住在排名最高的地区的是少数家庭，大多数人居住的地方则排名最低。与其他地方一样，人们允许自己排名低于其他人，因为他们无法阻止它。他们没有足够的权力。那位人不错的妇女，她在温斯顿帕尔瓦的邻居认为访谈者不该去拜访她，他们在街上遇到她，对她的态度也有保留，而她没有权力让他们以不同的方式行事。那些住在街道“坏尾巴”的人，或者被“村民们”说成住在“老鼠巷”的屋苑人，同样没有足够的权力改变分配给他们的低下的社会位置。有时候，人数更多就有更大的权力，即“多数人的权力”；

有时候，则是少数人有权力。因此，一伙紧密联结的少数人可能对一个不那么紧密、组织不太良好的大多数施加权力。温斯顿帕尔瓦的“老家庭”就是一例。他们当然没有形成温斯顿帕尔瓦居民的大多数。但是这个紧密联结的精英群体的信仰、标准、对其他人的排名，对其他人有很大的影响，正如后面会看到的，这主要是因为他们的成员占据了社区中所有的关键职位。

第二个问题经常被忽视，但在第 1 区和第 2 区的观察有助于澄清 41
它，它关乎地位差异与摩擦间的联系。在用“地位等级体系”（status hierarchy）或“排名次序”这类术语时，有时它们似乎指称了一个和谐的常态构型，只是偶然才会有紧张和冲突。事实是，紧张和冲突形成了在任何地方的地位等级中的内在结构要素。

如果一个人作为临时访客走过一座城镇或一个村庄的街道，甚至他在此地住上一段时间，他可能都不会注意到居民之间的地位区别（status distinction），以及与这些地位区别相连的潜在或公开的摩擦。即使一个人在这样的社区住了足够长的时间，知道它的内部地位次序，要以他的方式，具备与居民相称的、有关社区其他家庭社会地位的透彻了解，也并不总是那么容易。因为通常情况下，居民们自己不会用那些一般性术语表达他们的排名。但是在这样一个紧密联结的“村庄”，他们所有人，尤其是已婚女性居民，都内隐地知道他们街区其他家庭现在的市场价值。后面对这样一个社区闲言碎语的结构的分析，会有助于更清楚地了解排名的动态机制。它显示出，有权势的少数人，作为闲言碎语的领袖，可以在多大程度上控制一个广泛的邻居网络的信仰，可以影响闲言碎语的奖惩分配及家庭排名的标准。但是这些标准几乎总是暗含在一个不言而喻的社区信仰体系中，排名总是用一些简单的价值术语来表达，这些术语具有社区密码的特点，如“更好”或者“不太好”，“还不错”或“还好”。这些词语有足够的渐变层次或弦外之音，使发问者明了一个家庭在地位等级中的实际位置。通过这样概念化一个社区的地位次序，人们可以推断和言说一个构型，那些形成这个构型的人从未在同一水平上概念化和言说过它。然而，它在任何时候都有极其坚定和明确的模式，随之而来的各种摩擦也是如此。

42　在第1区和第2区发现的构型表明了一种特定社区尊卑秩序的重要性，以及它所造成的特定的紧张类型。我们需要更多地了解“老家庭”的结构及他们相互之间形成的网络的结构，以便更好地理解这些地位差异。

第四章　第 2 区以母亲为中心的家庭 43

一个出生在“村庄”的当地记者总结了他对“村庄”的印象，他说：“你不知道谁和谁有关系。太多了，虽然我在这儿生活了一辈子，还是不断发现有亲戚。”这是与住在“村庄”的人谈话时，一再冒出的一个话题。教区牧师谈到“村庄中较早建成部分的很强的家庭纽带”。一个住在“村庄”“精英区”的公务员几乎重复了记者的话：“这里有太多的通婚，你不知道谁和谁有关系。”所有这些评论都不可能用来描述“屋苑”。但是“村庄”和第 1 区的家庭模式也有明显不同。在第 1 区，家庭规模很小。他们很少有两个以上的孩子。有些家庭的孩子长大成人，结了婚，就搬离了温斯顿帕尔瓦，因为那里几乎没有他们会渴望的那类职位。在有年幼子女的家庭中，他们明显更重视教育和娱乐设施。第 1 区的被访谈者经常问“做这样的调查是不是一份全职工作”，当得知这是一项兼职研究，访谈者的主要工作是教学时，他们立即表示，他们对孩子的教育有大量思考。他们非常认真地询问了有关高等教育、大学名额、青年俱乐部及各种文化活动的问题。第 2 区没有人、第 3 区只有一人，问了访谈者的工作。通常，他们会有一个孩子在文

法学校[1]就读。很明显，第1区的家庭在半独立式住宅里，有车库、
44 有节省劳力的厨房设备，最多有一两个孩子，在与街区的关系上，他们相对自给自足，比其他区的居民有更广泛的智识兴趣。

在第2区，不仅邻里关系，亲属关系也显著强于温斯顿帕尔瓦的其他地方。这两者又是紧密相连的。对这一联系的观察有助于我们纠正从有关家庭的社会学文献中可能得出的印象，在这些文献中，家庭结构和他们生活在其中的社区结构是完全无关的。事实上，家庭纽带的性质和家庭结构不能被理解和解释为，好像家庭存在于社区真空中，或者家庭结构本身决定了他们所生活的社区的结构。[2]对温斯顿帕尔瓦的研究让我们有机会比较不同类型的街区。这些比较表明了，在特定街区所能发现的家庭结构在多大程度上取决于他们生活其中的街区的结构。

在“村庄”的事例中，这一点尤其明显。如果街区纽带变得松散或者完全散架了，家庭纽带的紧密性，尤其是“村庄”精英“老家庭”间的紧密关系，是不可能长期维持的。事实上，如果不提及家庭间关系的结构——街区的结构，能否有意义地谈一个“家庭结构”，有时

---

[1] 根据英国《1944年教育法令》，公立中学分为三种：文法学校（grammar school）、现代初级中学（secondary modern school）和技术学校（technical school）。孩童会在11岁时参加测试考试（称为“11＋”），根据成绩分配进入哪类学校。文法学校学生可获得普通级和高等教育证书。现代初级中学学生很少参加公共考试，直到1965年才引入声望较低的中等教育证书。文法学校基本上垄断了公立学校学生进入大学的机会。安东尼·桑普森在他的《今日英国解剖》（Anthony Sampson, *Anatomy of Britain Today*, London, Hodder and Stoughton, 1965, p. 195）一书中指出，现代初级中学的学生绝大部分是穷人和工人阶级的孩子，文法学校的学生则以富裕的中产阶级父母的孩子为主。——译注

[2] 见附录三。

似乎都是有疑问的。

在“村庄”的老建制家庭中，有个大家庭依然是一件值得骄傲的事。一个个体成员如果遵从这一模式，他就不仅能从自己的家庭，还可期望从其他家庭的成员处，得到尊重和认可，而这能强化和维护家庭精神（ethos）、个体对扩大了的亲属群体的强烈认同，以及个体成员对其家庭的较高屈从。家庭间的密切联系支持和巩固了家庭内的纽带，使得个人更难以走自己的路，只要他还生活在这个街区里。

在“村庄”，家庭纽带的紧密性首先表现在，访谈中经常有人提 45
到家庭全体或某个家庭成员。有几次，访谈开始时的介绍会被这样的招呼打断：“哦，请进！你就是周五晚上与我妈妈和妹妹说话的那个小伙儿，对吗？”让人十分惊讶的是，在第2区，受访的人们会经常自称“我们”，如果是一位妇女，这个“我们”不仅包括丈夫和孩子，还包括她的母亲，甚至可能包括她的姐妹和她们的家庭。

> “我们大约六十年前来到这儿。”一位年轻的家庭主妇说，随后又补充，“从我妈妈和爸爸开始就在这儿了。我们出生在这里，我们所有人，我们如今仍在这儿，和我们的孩子一起。”

杨（M. Young）和威尔莫特（P. Willmott）在对伦敦东部的研究中已经观察到“妈妈”作为中心人物的影响，[1]这也是温斯顿帕尔瓦这个区的特点。如同科尔（M. Kerr）研究的船街的母亲，第2区的母亲

---

[1] M. Young, P. Willmott, *Family and Kinship in East London*, London, Penguin Books, 1962, Chaps. 3–6.

同样是许多家庭活动的焦点。“经常住在从妈妈手中接管过来的房子里，她操控着周围的外部世界。她拿着房租簿，和收租者打交道，然后安排她的女儿到她附近住。”[1]

虽然这种关系有时有点矛盾，一些女婿似乎可以很好地融入以丈母娘为首的“扩大家庭”，在家庭圈子里形成友好的关系。“村庄”中一种特有的休闲方式就是来自同一扩大家庭群体的男人们一起去附近的酒吧，安静地喝杯酒，他们的妻子们则“围着妈妈待一个小时”。

我们尽管特别留意，但是没有看到一个案例是由父亲作为亲属群体的中心人物，扮演类似的角色。老年男子通常由其女儿中的一个照顾，如老人俱乐部的一位著名男子就是这种情况，但是这些男子的影
46 响十分有限。母亲作为一种类型的女族长，三代家庭团体的核心，其主导性的影响力可能与这样一个事实有关：这种群体为其成员提供的主要职能很大程度上是由女性而非男性承担的；这些职能主要是在业余时间人对人的交往中实现的，而以非人对象为中心的专门化和职业化的职能只占边缘位置。在女儿或女婿外出工作时照看孩子，以及更一般的情况，当其他家庭成员——无论男女——有需要时照看他们，这是妇女角色和天性的一部分。第 2 区的很多受访者强调，他们每天至少见一个“他们家庭”的成员，这样就能够听到当下的家庭消息。某个这种家庭的一位男性成员说：“我们差不多天天见。”他又加上：“我们不常上门，但是如果有什么事，会有人打电话告诉其他人。”与第 1 区不同，在第 1 区电话经常被用作交流工具，第 2 区的大部分人没有

[1] M. Kerr, *The People of Ship Street*, London, Routledge & Kegan Paul, 1958, p. 64.

电话，但是“扩大家庭群体”的日常联系保证了在一个相对小的街区里信息的快速传递。在婚礼、洗礼和葬礼以外，家庭成员极少会为了社交而全体出席聚会。家庭被部分或整体地动员起来的场合是标准化和建制的，正如家庭网络的日常活动、运作方式也是标准化和建制的。

“扩大家庭”会在照料他们的“妈妈”、保持她的房子的清洁上合作。在一个案例中，一个已婚女儿与另一个已婚女儿轮流到生病的母亲家里“值夜”。妻子的母亲在年轻夫妇不在时照料他们的孩子；学龄儿童放学后“绕到外婆家”；父母在上班前把婴儿送到外祖母家，傍晚再去接。我们再次看到，这种家庭模式是如何紧密地与要外出上班的已婚妇女的需要联系在一起。母亲同样在大多数情况下曾在她们 47
一生的若干时期外出工作。在孩子的父母不在时，监护孩子的角色有助于强化和扩大妻子的母亲的影响。这往往包括有关孩子的一些决策。即使是成年人的问题，要做决策时，通常也由女儿们与“妈妈”讨论，有时也由儿子和女婿们与她讨论。

这种类型的亲属网络给个人带来相当大的保证和安全感。如果妻子的母亲在帮助女儿的家庭方面发挥了作用，当她需要时，也可指望得到女儿家庭的帮助。汤森德（P. Townsend）在另一个老建制工人阶级区——贝斯纳尔格林（Bethnal Green）观察到，“有太多妇女在她们人生长达四五十年的时间里，在抚养年幼的孩子方面发挥了重要作用”。[1] 我们可以在第 2 区观察到同样的模式。在接受访谈的人中，有 18 名老年妇女，她们在自己的孩子长大后帮助照看孩子的孩子，

[1] P. Townsend, *The Family Life of Old People*, London, Routledge & Kegan Paul, 1957, p. 34.

或者在另一些情况下，帮助照看姐妹的孩子或姐妹的女儿的孩子。

第 2 区的妇女们在谈到“我们街”“我妈妈的房子”“我们的孩子”时充满了真挚的感情，其中“我们的孩子”指在母亲的家庭网络中的所有孩子。这种情感纽带阻止了许多已婚妇女离开温斯顿帕尔瓦，搬到“未知”的地方去。在访谈中，几位妇女说，她们婚后曾经离开温斯顿帕尔瓦，但是又搬回到“靠近妈妈”的地方，因为她们感到孤独。年长的人同样如此，作为这样一个“扩大家庭网络”的成员，找到安全感。他们也同样从中获得日常的兴趣。科尔在《船街人民》中观察到，“对孤独的恐惧是理解这个群体的一个重要因素。他们普遍缺乏教育和使用智力的机会，这可能非常大地限制了一个个体能扮演的角色数”。[1] 但是，在第 2 区，大量妇女是协会和俱乐部的成员。
48 她们非常享受这种兴趣的扩展，即使她们的主要兴趣在于家庭。如后文所述，女性在教堂（church）或礼拜堂（chapel）[2] 团体、政治组织或其他志愿组织中的角色，不仅超出了她们在自己家庭群体中的角色，而且充当了几个家庭群体间的纽带。

男性不像女性一样很强地参与到以“妈妈”为中心的社会活动和社会兴趣圈。他们比女性更重视家庭外活动。但是男性与他们的“家庭群体”的纽带强度也很大。前面已经提到，我们碰到过兄弟一起帮着做一些家务维修上的事，还遇上过同一家庭群体的男子一起去酒

[1] Kerr, *The People of Ship Street*, p. 66.

[2] 教堂指有常设会众，并由牧师或神父管理的任何礼拜场所。礼拜堂只是一个礼拜场所，没有牧师或神父，也没有常设会众；它通常比教堂小，有时只是一个房间。——译注

吧。对地方协会（如乐队）成员名单的研究表明，女婿、岳父、儿子和兄弟经常在同一志愿协会的具体活动中合作。有几例中，同一家庭成员的男子参演同一部戏剧、一起玩音乐、一起“鼓捣”汽车，或者在男性群体及两性混合的群体中，占据某些主要的官方职位。然而，少数妇女不同意她们的丈夫加入任何此类家庭外群体。一位妻子在丈夫准备回答一个有关俱乐部成员资格的问题时说：“俱乐部！我告诉他，这才是他的俱乐部，他只能将就些。”我们看到的是，这位丈夫平静地接受了他的角色。

亲属群体中年长的男性常常帮助年轻的丈夫，即小孩子的父亲，在晚上做一些诸如制作家具或装修浴室一类“自己动手”的工作，以改善家里的条件。在第 2 区，略低于 50% 的受访者提到他们在家里有时间就会做这类工作或他们喜欢的活儿。在第 3 区，这一比例是 32%。亲属群体的男性成员同样帮助“妈妈”装修、修电视及家庭维护。如果一名男子是乐队的成员或者参加教堂的演奏，亲属群体中的女性会去为他的表演鼓掌及结识出于类似原因出席的其他女性，并与她们交换意见。在这些“村庄”家庭中，家庭成员间的纽带没有造成 49
孤立。家庭群体与地方协会间的联系是紧密的，这会在后面讨论。它们表明了“村庄”中的家庭群体牢牢地嵌在他们的社区中。正如在第 2 区观察到的，很难想象，如果他们与街区中其他类似家庭群体的所有联系被切断了，这些家庭群体还能继续像现在这样发挥作用。

与其他区的比较表明，在一个非常大的家庭单位内合作，对它的成员有好处。在第 1 区，大多数家庭可以在很大程度上依靠外部的有偿服务，获得他们自己成员不能或不愿意提供的许多大大小小的服务。在第 3 区，家庭规模比较小，邻里关系不是很密切，一个小家庭的成员会遇到很多困难，因为如果丈夫或妻子生病了或者要外出，家庭和邻里都不能提供及时的帮助，付费服务又超出了他们的能力。一些“村民”似乎认为缺乏邻里合作是住在那里的人的“个人特征”导致的。事实上，它是由街区特征本身决定的。与“村民”相比，住在那里的人是新来者，他们中的许多人几乎不认识对方。

在某些情况下，家庭被视为自给自足的实体，甚至被视为基本要素——社会赖以建立的“砖瓦”。但是即使在这个微型研究中，在不同类型的邻里社区中发现的家庭关系类型也有惊人差异这一点足以表明，把“家庭”作为社会的基本和主要单位，认为它本质上是自给自足和自我解释的，这种观念是一种误解。从其自身成员的角度看，家庭可能看起来是这样。从孩子的角度看，它当然是一个基本单位。但是如果人们观察到，被称为“家庭”的人的构型在结构和类型上有很大变化，并且疑问为什么会有这样的变化，就会很快发现，造成这些
50 差异的力量在家庭内部是找不到的。它们只能在家庭所属的更大的单位中去找。不参照温斯顿帕尔瓦的这些区，以及由这些区构成的整个社区的结构和发展，就不可能理解为什么在这三个区，支配性的家庭类型会如此不同。很难想象，一个由三四代人组成的、扩大的、以母亲为主导的亲属群体，可以在第 3 区这样的街区类型中形成，或者长期保持其凝聚力。事实上，人们很难想象一个这样的家庭单位能够在一个没有其他同类家庭的社区里长期生存下去。而“村庄”的核心是一个紧密联结的网络，由多个以母亲为中心的家庭网络组成，其中一些家庭网络构成了“村庄”的精英，为其他家庭定下了基调。

正如家庭内部活动延伸到家庭间活动所表明的那样，亲属网络的日常程序和惯例形成了整个街区更大的日常程序和惯例的一个基础部分。但如果隐含的假设是，家庭特征是首要的，街区特征是从中派生出来的，就会形成一幅扭曲的图景。正是在这一特殊的街区中，以母亲为中心的家庭网络才逐渐成形。“村庄”中的高度合作不是因为偶然有一些好心人聚在了这里。这是一种传统，是在两三代人的时间里、在一个紧密联结的社区生活的人之间成长起来的。个人不得不为之付出代价，他们可能也乐意付出这个代价，即要屈从和遵从规范。在紧急时刻，他们可能会为完全陌生的人提供帮助，但是帮助和善意不会轻易延伸到那些不遵从的邻居身上，他们依然是外来者。提供或拒绝提供都是按照村庄的传统，如果提供了，这些帮助也不会由于那个理由（依村庄传统行事）就少了诚心和友善。

第五章 地方协会和“老家庭”的网络 51

与家庭纽带紧密相连的是地方协会成员的关系，温斯顿帕尔瓦有很多地方协会。几乎所有的协会都以“村庄”为中心。

“老家庭”网络构成了“村庄”社区的核心，为“村庄”成员规定和提供了大部分的休闲活动。在这个圈子里，所有的活动几乎都是社区性的：人们通常以群体的形式度过休闲时光，不是独自一人，甚至不是在封闭的二人组或对中；就算是一对人，他们依然融于公共群体中，与第三人、第四人、第五人或者更多的人之间，没有一道墙隔开；哪怕是情侣，与众人也只有非常薄的墙。他们与家庭成员或邻居们度过休闲时光，地方协会和教堂、礼拜堂提供“村庄”闲时活动的主要正式框架，尤其是对中老年而言。

在这方面，“村庄”依然显示出更多的前工业化或早期相对较小的工业社区的特征，而非大型的都市类型社区的特点，可能要花一两代的时间才能被吸纳进后者这样的社区。当地的昵称不是没有道理的，尽管完全脱离了农业，它仍保留了一个村庄的许多特征。在休闲活动方面高度的自给自足即是表现之一。“老家庭”网络的成员发现一些还算有趣的事情，他们明显对其满意，并在他们的职业或家务工

52 作结束后，在自己的社区做这些事，许多不处于中心位置的“村民”会追随他们的引领。

像其他地方一些规模较大的工人阶级家庭的成员一样，普通“村民”没有很多的钱花在业余活动上。他们的社区很小，不能提供那些在一个大型都市社区里随处可见的多样化的商业服务。大多数时候，他们相互间提供消遣，非正式的方式有一起闲言碎语或其他聊天，更正式些的方法是参加宗教活动和各种地方协会的活动。就我们所知，“老家庭”网络的成年成员及他们在“村庄”内的伙伴们没有“休闲时间饥荒”（leisure time starvation），在许多高度个体化的都市社会，这是导致某种不适的根源。他们似乎没有在休闲时感到厌倦和空虚的问题，这在很多对工作没有兴趣、只是赚钱谋生的人所在的社区经常会出现，这些人没有充分的机会利用休闲时间，没有享乐的能力和手段，同时没有充分的机会提高其中的任何一点。

即使在“村庄”，有机会以满意的方式消磨休闲时间，机会对所有居民也并不都是均等的。而对于居住在屋苑的人，机会则是微乎其微的。因为“村庄”的娱乐绝大部分是社区性的，它们紧密联系着“村庄”的社会秩序。如闲言碎语的管道、邻里活动，尤其是重要地方协会的活动，这些都是由属于“老家庭”网络的人（包括住在第1区的）主导的。其他想融入的人会被容忍，即使他们来自第3区。但他们极少处于事务的中心。即使在以礼拜场所为中心的协会里，他们依然或多或少地是外来者。归属感明显是社区休闲活动所提供的乐趣的必不可少的要素，无论这些活动是非正式的，如邻居们一起购物、去酒吧，还是更有组织性的，如地方协会的聚会。

在后者中，最活跃的休闲活动中心是围绕教堂或礼拜堂的协会。 53
除了一个例外，温斯顿帕尔瓦的所有礼拜场所都在最古老的地区，即第 2 区。这些协会成员来自所有三个区。通过查询会员名单可以看出：正式注册的会员人数是 385 人，其中 59 人来自第 1 区，283 人来自第 2 区，43 人来自第 3 区。超过一半的会员，大约 200 人，属于英国圣公会（Church of England）。圣公会社区的中心是圣迈克尔教堂（St. Michael's Church），位于“村庄”的主街上。主要在圣迈克尔教堂活动的协会成员，有 44 名来自第 1 区，163 名来自第 2 区，37 名来自第 3 区，其中有些人不是圣公会教徒。教堂的建筑包括一个大厅和几个舒适的会议室。在许多方面，它们具有社区中心的功能。大厅由老人俱乐部使用，这个俱乐部与圣公会有很强的联系。与其他会议室一起，大厅为教堂戏剧协会（Church Dramatic Society）、女士古典音乐协会（Ladies' Concert Party）、童子军（Scouts）和青年团体（Youth Group）提供定期活动场所。其中一些协会的活动延伸到了宣教厅（mission hall），这是在第 3 区用于圣公会仪式的地方，也是第 3 区唯一可供公共集会的建筑。

在一年中的大部分时间里，戏剧俱乐部定期在教堂大厅练习和举行演出。大多数剧目是在业余团体中最流行的喜剧或神秘谋杀案。这些演出最突出的一点是表演者和公众间明显的亲密关系。大多数演员是“村庄”的熟人，他们穿着不同寻常且经常是有趣的演出服出现在舞台上，立刻引起观众的强烈反应。观众对“我们的科林”的能力大加赞赏，不仅是那些与演员有关系的观众，这一认同明显延伸到家庭
的整个网络。老太太们“笑到流眼泪”。一群妇女在中场休息时挪动 54

椅子，为了能更舒服地相互交谈。每个人都说着演员的教名。在其他类似的协会中也可看到同样的亲密性。教堂和礼拜堂委员会及由他们组织的各种社会活动通常由少数家庭或者一个家庭的成员管理，这些活动是他们的亲属群体活动的直接延续。

在此处，人们依然可以看到，在欧洲社会发展早期可能存在，以及在今天的亚非社区依然存在的一种管辖规则，即我们称为“宗教”的机构，没有如今天高度分化的专业词汇所暗示的，与其他社区机构截然分开。它们是社区关系网络的中心。对于社区中的很多家庭，出席宗教活动是最重要的休闲活动之一，可能在很多情况下，还是最令人满意的休闲活动之一。毫无疑问，这部分是因为它在社区精英价值等级中排名很高，同时对那些“属于”社区的人，它是社区亲密性的另一种表现。

即使在选择居住地时，属于同一宗教群体的家庭也倾向于聚在一起。绘制出圣迈克尔教徒居住的地方，会发现一个有特点的模式。在第 2 区，他们往往形成一些小家庭聚丛（family clusters），散布在“体面的”“村庄”街道上。有一条原来“体面的”街道，现在声誉降了很多，因为地方议会最近在清理一些贫民窟后，在那里买了一些房子，供贫民居住。在该街，少部分圣迈克尔教徒聚居在靠近“体面”部分的头 28 所房子里。似乎最初是几个同一教派的“妈妈”比邻而居，然后请求“出租人”在旁边的房子空出来时，让她们已婚的女儿住在那里。

第 3 区的圣迈克尔教徒，居住地分布有明显差异：他们居住得更
55 分散。许多街道只有 1 名教徒，有些根本没有。对温斯顿帕尔瓦其他

教堂成员的分析显示出类似的模式。在第 2 区和第 1 区，同一教派之人的家庭形成一些聚丛，住在一起；在第 3 区，教徒则是孤零零地散住着。与圣公会一样，其他教派的宗教中心也是许多休闲活动的中心，尽管由于人数较少，聚集的规模要小很多。其中两个礼拜堂有戏剧协会和青年团体。据访谈、闲聊和剪报所显示的，这里同样是由某些家庭成为特定礼拜场所积极成员的核心，这些家庭还在戏剧俱乐部、唱诗班和青年俱乐部中发挥主导作用。主日礼拜（Sunday worship）、教堂和礼拜堂的委员会、女士时间、戏剧社团——总之，一系列非常广泛的共同休闲兴趣不仅构成了单一家庭群体的，还构成了家庭聚丛的一个必需部分。

自给自足的小核心家庭的形象作为家庭的原型，虽符合第 1 区中的部分证据，但与在“村庄”社区的观察不符。家庭在第 2 区是紧密相连的，他们是“开放”的家庭，绝不是自给自足的。单个家庭内部的活动与单个家庭聚丛内的活动相互融合，似乎是不可分割的。家庭成员共同的家庭外的任务和目标，如以宗教或政治结社为中心的任务和目标，加强了家庭内部的纽带。前者有助于维持后者，部分原因是各组成家庭间的相互控制，与之相连的是他们之间默默的竞争——朋友的批评远比陌生人的更令他们害怕；另一部分原因是它们提供给家庭高于自身的共同目标。很难说这在多大程度上适用于那些在地方协会中的非领袖家庭——他们只是“追随者”。同样，要获得各种以教堂或礼拜堂为中心的家庭团体间的关系，以及他们所属协会间关系的清晰、完整图景，也不容易。这里显然有一个等级模式：在 56
“村民”的尊重程度上，有些协会排名高于其他协会。协会的声望次序（prestige order）显然与起主导作用的家庭的声望次序有关，反之亦然。即便不是所有男性，"村庄"的每一位女性，看起来都知道在特定时间每个家庭及社区中每个协会的地位和声望排行（prestige rating）。如前所述，他们明显难以向外来者明确地传达出他们的排行，这形成了日常生活中他们共同行为的隐含部分。至于他们内部群体的地位差异，即"体面"的家庭和协会自身的地位差异，他们几乎不会直接谈论它们。有时他们会通过摇头或者说"非常好的人"或"还不错的人"时的语气，间接地表示出等级差异。这一内部等级体系的大部分细微阴影，我们现在还不能完整地画出来。

但是在整个温斯顿帕尔瓦，地位等级体系的最高和最低层是毫不模糊的。第1区和第2区绝大多数最高等级的家庭属于圣迈克尔教堂和以它为中心的协会。不仅这一领头群体，还有其他地方协会的家庭，都一致给予第3区的家庭以低地位。"村庄"中一个非圣公会新教教堂的领导人提到第3区的居民时说："让我们面对现实吧，他们不像村里人。他们中的少数人加入了村庄的生活，但这是少数。"在访谈中及在与大多数"村民"闲谈时，同样表示自己优等性的短语还有"我们周围"，它们还受"老区这边"或者"不是屋苑，你知道"等表达的进一步强化。

这种地位次序不仅反映在宗教成员资格中，还反映在世俗的地方协会中。老人俱乐部"常青树"就是一个例子。它有114名成员，是温斯顿帕尔瓦最大的世俗协会之一。它是一个福利组织，具有一个老工业社区的特点，在这里，还保留着前几代人的传统，它在一定程度上处理了在工业化发展的后期，越来越由公权机构负责、依赖公共资金解决的问题。

“常青树”每周三下午在圣迈克尔教堂大厅举行例会。虽然俱乐 57
部对所有教派的老年人开放，但是它与圣迈克尔教堂的组织联系和成员联系都更紧密。“常青树”中有 12 名成员也是圣迈克尔教堂成员，但是据访谈，还有许多周日去教堂的人不是该教堂成员。俱乐部的秘书提到，她的各项福利救济工作包括如果一个成员一次开会没来，并且有一段时间没有人看到过他，“她就会让一个人去看看是否一切正常”。由于温斯顿帕尔瓦的大多数老人住在“村庄”，“村庄”提供了最多的成员也就不足为奇。“常青树”有 15 名成员来自第 1 区，94 名来自第 2 区，5 名来自第 3 区。访谈显示，不少第 3 区的老人不愿意加入俱乐部。一些人说他们不去是因为那里有“小圈子”。另一些人则不屑“免费茶水”和“慈善”。来自“村庄”的老人无人提出类似的反对意见。另外，同样，5 名来自第 3 区的“常青树”成员住在不同的街上，相互隔得很远。来自第 2 区的成员的居住地则大多属于一个个家庭聚丛。

周三的“常青树”俱乐部会议的出席率很高。如秘书说的，一些老人为了出席，要克服体弱的不适。大厅里很简陋，没什么东西，但是可容纳 90 个人或更多。会上气氛很友好。大多数老人在温斯顿帕尔瓦住了超过四十年，他们彼此很熟悉，很多人用教名相称。家庭纽带和跨协会的成员资格加强了他们群体内部的情感，这对于来自第 3 区的老人，一定是一个巨大的社会障碍。一次开会时，成员们围着长
桌子就座。有些人玩多米诺骨牌或纸牌。但大多数人只是在聊天。欢 58
快的谈笑声充满整个房间。时不时地，谈话会被秘书宣读通告打断。

人们会很感兴趣地倾听她。俱乐部在这一年中组织了几次外出，如参观历史建筑，或去海边。短途旅行结束后，通常由工人俱乐部提供“免费茶”。每周会议期间的茶点包括一杯茶、一片面包和果酱、一些蛋糕和饼干。会员们每周要缴纳会员费，地方商人和一些本地的公司也会慷慨捐赠，帮助平衡预算。以种种方式帮助最大的人是俱乐部会长德鲁议员，他还花了很多时间拜访老人及为他们的福利做安排。秘书同样对她的志愿工作表现出极大兴趣。许多成员都亲切地称呼她的教名。每次会议会以合唱“常青之歌”结束，这首歌是由一位会员写的。在几次访谈中，俱乐部会员和非会员都提到这是首“可爱的曲子”。歌词如下：

达比和琼之歌

让我们可爱地变老，
那么多美好的事情，
旧的蕾丝、象牙和黄金，
丝绸不需要是新的。

但老树也有美，
老街也有魅力。
为什么我们不能像这些一样
可爱地变老。

现在，在我们的暮年，
我们所有的记忆都在。
所以，让我们含泪微笑，
因为可爱的我们已经变老。

另一个在过去五十年里在社区发挥了重要作用的地方协会是温斯 59
顿帕尔瓦的禁酒奖乐队（Prize Temperance Band）。在附近公园老人俱乐部派对的音乐会上、在追思会和全年露天义卖会上，都可看到穿着乐队制服的他们。在周三或周四的晚上，可以听到他们在主路上排练，卖力演奏《诗人与农民》，或为音乐会准备其他作品。

乐队历史是亲属关系在社区生活中的角色的又一例子。乐队的创始人是一位老温斯顿人，他的名字在“村庄”家喻户晓。20 世纪初，他在“村庄”的主街开了一家音乐商店。“老人”退休后，他的儿子接管了店铺生意，同时做乐队指挥。偶尔，父子俩会一起出现在音乐会的舞台上，地方报纸总会突出报道此事。乐队过去曾赢得过全国冠军，在战后头几年的衰落后，又成功地赢得了更多的挑战杯。这些奖杯都陈列在商店的橱窗里。乐队现在接收来自周边地区的成员。但是据乐队指挥说，他们都住在距离乐队活动室（商店楼上）3 英里以内的地方。他们现在成了乐队中的大多数。32 名乐队成员，只有 12 名住在温斯顿帕尔瓦，其中 6 名来自第 1 区，6 名来自第 2 区；没有成员来自第 3 区。

乐队成员非常认真地对待他们的音乐。排练时通常参加的人很多。大家叫指挥“鲍勃”（Bob），他也用教名称呼演奏者。休息时，

他们会搞一些小的娱乐活动以活跃气氛，如“茶水诈骗”的游戏，用
摸牌、投掷硬币和一些逗笑的故事分出输赢，得到的钱用来买茶点或
者发笔小财。会员费每年 26 先令，此外还要加上买乐器和维修乐器
的花销。12 名住在温斯顿帕尔瓦的成员中，有 4 人的父亲和儿子都
住在那儿，有 2 人的妻子和姻亲住在那儿。其余的人，用指挥的话来
60 说，“当然都是教堂和礼拜堂的成员”。乐队的副队长是圣迈克尔教
堂的牧师，乐队 1959—1960 年的队长是德鲁议员。乐队的创始人是
“常青树”的名誉会员。

尽管乐队的辉煌时代已经过去了，它在社区仍有一批忠实的追随者。一个当地的巴士老板回忆说，在“医院被国有化”前，乐队总是在狂欢节游行队伍的前列，穿过温斯顿帕尔瓦的街道。游行队伍吸引了很多人，同时为医院筹集资金。在第 1 区和第 2 区的访谈中，乐队就像一个上了年纪的亲戚，经常被人们深情地提起，尽管带着一种暗示，表明它已是某种过去的遗迹。老人依然喜欢听公园里的音乐会，其中许多人提到乐队引领游行队伍的旧时光。在第 3 区的访谈则极少表现出对乐队的兴趣。有几个人嘲笑它，没有人认可它，还有一位第 3 区被访谈的乐师说，它“已经完了”。

因此，乐队构成了“村庄”传统的一个重要部分。它是一个小而著名的协会，与“老家庭”及给温斯顿帕尔瓦带来声望的其他协会有很强的联系。它加强了老住户们的团结感，也被第 3 区的居民忽视或拒绝。

在“村庄”，另一个会被自豪地提到的协会是保龄球俱乐部。其成员资格对两性开放，成员所在地比温斯顿帕尔瓦要广。其中第 1 区

和第 2 区的几位居民在俱乐部委员会、球队名单和新闻报道中很有名。在温暖的下午或傍晚，公园绿地上进行的悠闲比赛吸引了一小群老年人作为观众，不时有人对穿着白色制服、带着草帽的女队拍照。我们没得到俱乐部会员名单，但是会员提供的信息表明，俱乐部的会员没有来自第 3 区的。对温斯顿帕尔瓦夜校（evening institute）出勤率的分析发现了类似模式。夜校课程种类很多，从歌剧到金属加工都有。有一个学期，大约有 100 名出席者，只有 34 名是温斯顿帕尔瓦的住户，其中 8 名来自第 1 区，21 名来自第 2 区，5 名来自第 3 区。

一个规模很小但是地位等级很高的团体是慈善委员会（Benevolent Committee）。它由德鲁议员领导的 10 名成员组成。委员会为温 61
斯顿帕尔瓦比较年老的、不太富裕的居民筹集资金。资金筹集得到了当地店铺老板、商界人士和俱乐部官员的协助。当有人需要帮助时，他们会收到通知。委员会会派一名成员拜访这位老人，后者要向委员会报告情况。委员会随后决定最有效的帮助方法。通常情况下，一名成员会带着食物、慰问品或钱财给需要帮助的人。有时帮助会被滥用。在一个案例中，一位接受帮助的老妇人将钱花在了“麻醉剂”上。委员会的一名成员从一次“谈话”中得到这个信息。这名成员拜访了这位老妇人，进行核实，确认了信息，于是帮助被撤回。无论它还承担其他什么职能，慈善委员会提供的帮助也是一种社会控制的工具。

德鲁议员将大量休闲时间花费在这项工作上。他经常拜访老人，为他们筹集资金，讨论他们的情况，在“常青树”俱乐部发表演讲。人们经常会看到他的车停在某一位他拜访过的老人的房子旁。委员会的构成显示出某种熟悉的模式，只不过略有一些变化。来自第 1 区的成员数略高于其他区。5 名成员来自第 1 区，4 名来自第 2 区，1 名来自第 3 区。访谈中，来自第 3 区的成员对他的当选做了以下说明。1950 年代中期，为了讨论本地老人的福利问题，召开了一次公开会议。在此之前，慈善委员会已经存在了很多年，但是，如他说的，委员会一直由“一个老人小集团管理，其中有些人已经过世了”。这群人年年连任，如果有人想加入这个委员会，“其他成员就会退出，这样就无法成立委员会了”。在 1950 年代中期的一次会议上，德鲁议员明显说服了一些老成员辞职。这位来自第 3 区的男性恰巧去开会，并“参加了选举”。他说：“没有其他来自屋苑的人操心慈善的事。”他如期当选了。

62 像以教堂和礼拜堂为中心的协会活动一样，那些与政治有关的活动只在极少数人中形成了一种专门的活动类型。对于大多数参与者来说，它们只是休闲时的另一种社会活动形式。政治信仰亦是如此。对于大多数人，政治信仰构成了一个更普遍的信仰体系中不可或缺的部分，该体系主要是由社区决定的，其次才由国家议题和处境决定。

温斯顿帕尔瓦唯一运作良好的政治组织是保守协会。它的成员很少。核心成员是 17 名官员和积极的助手，其中 5 名来自第 1 区，12 名来自第 2 区，无人来自第 3 区。协会在“村庄”的主干道上有一家俱乐部。但是保守俱乐部更多是一个社交中心而非政治中心。经常去那里的，主要是那些不愿意去马路对面工人俱乐部的人。它是一个“可以带妻子去的正派的地方”，去“安静地喝一杯”，“见见朋友”。

为了便于选举，温斯顿帕尔瓦被分为两个选区，一个选区由第 1

区和第 2 区的一部分组成，另一个由第 2 区的其余部分和第 3 区组成。在调查期间，后者由工党议员代表，前者由德鲁议员代表，德鲁是独立参选人，得到保守协会的支持。一位女店主是最近两次选举中，工党占多数的选区的保守党参选人，她以微弱的劣势被打败。她解释道，“这里没多少人有兴趣做积极的政治工作”，保守协会中有太多 65 岁及以上的人，尽管其中有“像 K 夫人一样的好工人”（K 夫人是第 2 区一位年长的寡妇）。女店主是这样谈论第 3 区住户的：

> 他们是另一个阶级的人……除非他们能从中得到些什么，他们对任何东西都没有归属感。

谈到她的失败，她表示她确信这主要是由于工党从屋苑得到了大量选票。

其他保守协会的成员更热情地谈到他们的委员会。在提到选举后 63
从获胜的候选人那里得到的“可爱的花束”时，他们用教名称呼他，“当然是好朋友”。他们经常提到作为独立候选人的德鲁议员。“我们也帮助德鲁，”一位委员会成员说，“尽管他不是保守党，他是好人，是德鲁……”但是他们对第 3 区选民的批评态度是一致的，其理据的要点几乎总是一样的。第 3 区选民被指责为毫无地方忠诚，只想为自己谋好处：

> 他们是工党，为得到想要的东西，可加入任何队伍。他们投票给任何自称是工党的人，无论他是不是本地人。

协会的一名成员说，她听说现任工党议员“连自己的名字都不会写”。人们似乎普遍认为，如果不是屋苑的工党选票，保守党候选人会每次都当选。德鲁这位无党派的独立议员也认为，屋苑的人是“死工党”，“没有聪明的理解力”，“没有责任感，只有索求”。第 1 区和第 2 区的政治领导人不会请求第 3 区选民支持他们。在竞选集会上，拉票努力指向本区，尤其是第 2 区的人。他们或许知道，工党选票也有来自“村庄”的。但对他们而言，在更宽泛的意义上，政治领导与社会领导依然是一致的。德鲁议员本人没有自己的政治组织。他在温斯顿帕尔瓦很有名，实际上充当了社区的非官方市长。他的竞选海报上只写着——“投给老伙计们的朋友”，这是颇有意味的。他的保守派的亲和力，就像“老家庭”网络的许多其他成员一样，不需要与任何政治组织有正式和明确的联系。它们是隐含的、不言自明的，作为温斯顿帕尔瓦社区的成员以及作为老温斯顿家庭的成员，这种亲和性构成了
64 其社会位置不可或缺的一部分。当他说，投票给工党的那些屋苑人表明他们缺乏聪明的理解力和责任感，这不是在做政治宣传，而是一种深厚的个人信念的表达。对于他来说，这意味着对温斯顿帕尔瓦的责任，而那些被拒绝的新来者则缺乏这种责任。这是那些新来者会陷入的困境的一个方面。“村庄”领头家庭的真诚信念是，在温斯顿帕尔瓦的每一个人都应意识到他们对社区的责任，他应优先选当地人而非外来者做代表。屋苑的人并不按照“村庄”的信念行事，这是“村民们”看低他们及尽可能将他们排除在圈外的原因之一。他们不能从自身的价值和信仰系统中充分抽离出来，认识到新来者不会如在那里长大的老住户一样，自动地对温斯顿帕尔瓦及老住户眼中所支持的一切

感到同样的依恋。如果老住户能让他们更容易融入进来，他们可能会对这个新地方产生一些感情。但是正相反，价值和信仰体系的绝对性迫使老住户们隐晦地要求温斯顿帕尔瓦的所有住户分享他们自己对这个地方的忠诚，同时无情地拒绝那些不这样做的人。屋苑人一方，可能还有那些被拒绝的“村民”，通过拒绝第1区和第2区支配性的政治观点和活动加以报复，认为这是“小团伙”“老顽固”“势利眼”统治的又一个例子。但是他们的反抗过去是，现在依然是几乎毫无组织的。温斯顿帕尔瓦没有常规运作的工党组织。工党在温斯顿帕尔瓦至少一个选区获得的强势选票，没有任何正式组织的帮助，这是由非正式的处境因素决定的。另一方面，温斯顿帕尔瓦的保守协会虽然很小，但形成了一个有效的组织核心；它足够强大，可以在需要时调动社区的保守潜力。它得到了其他协会的大量支持。在17名保守协会成员中，有13人与宗教协会、“常青树”或乐队有联系，其中6名与 65
这三者都有联系。

人们在政治领域观察到的情况，即第1区和第2区有相对较高的组织水平，第3区则组织水平较低，还延伸到了许多其他领域。这是第3区与其他区的基本结构差异之一，正如人们将看到的，这有助于解释它们之间的权力差异。组织水平（organizational level）这一术语，不仅指正式组织（地方协会是例子）。对于“村庄”强大的凝聚力，非正式纽带的重要性绝不亚于正式组织。非正式纽带将其成员，尤其是领头成员相互联系起来，这解释了这一事实：较少的人、少数家庭的成员，占据了温斯顿帕尔瓦高声望协会的大部分关键职位，并掌握着随之而来的权力。表6提供了这些交叉联系的大致情况。

表 6 “老家庭”网络的局部（温斯顿帕尔瓦某些关键职位的分布）

德鲁议员 “老家庭”第二代成员 地方承包商 作为独立竞选人当选议员，得到保守协会的支持	慈善委员会主席	乐队队长	老人俱乐部会长	圣迈克尔教堂成员	当地两所中学校董会主席
D. D. 斯特林先生 “老家庭”第二代成员	慈善委员会财务			圣迈克尔教堂成员	
D. D. 斯特林夫人 “老家庭”第二代成员			老人俱乐部秘书	圣迈克尔教堂成员	当地两所中学校董会成员
C. 罗森先生 一个温斯顿帕尔瓦家庭的始祖 乐队创立者	慈善委员会会长		老人俱乐部荣誉会员	圣迈克尔教堂成员	当地两所中学校董会成员
D. R. 泰勒先生 “老家庭”第二代成员 地方保守协会主席	慈善委员会成员				当地两所中学校董会成员
D. R. 泰勒夫人（议员） 地方保守协会秘书				当地自由教堂成员	当地两所中学校董会成员

正如人们看到的，在有利的条件下，强有力的建制权力精英（established power elites）可以在一个扩张中的工业定居点快速形成。在一个靠近工业城镇但是与周边隔绝的社区，定居者的第二代会形成自己的地方“贵族”。表6表明了其权力的某些根基。共同的归属感、责任感和对家乡社区的奉献精神，在长于斯、在此地共同发达的人之间创造了一种牢固的联系。他们作为个人未必相互喜欢，但是作为一个群体，他们有强烈的认同感。客观上他们认定自己为“老家庭”，主观上为“我们”。在社区中，这种排斥不属于他们的家庭群体进入其等级的做法，使得他们中的一些成员能够并且愿意将部分休闲时间和金钱花在社区事务上，长期占据社区的政治、宗教和其他公共组织中的大部分领导职位，将那些他们感到并非同类的人排除在这些职位之外。这种由相互联系和思维类似的家庭成员对社团及本地其他关键 68
职位的垄断，是“老家庭”网络最突出的特征之一，也是其最强有力的权力来源之一。

在某种程度上，温斯顿帕尔瓦这种权力精英的发展可能是由于社区内不均等的财富增长。一些温斯顿家庭或这些家庭的分支变得非常富裕，其他家庭则不然。无论贫富，他们都保持了强烈的对温斯顿帕尔瓦的归属感及彼此间的归属感，但是出自比较富裕的分支的个体有时间和金钱在社区事务中发挥领导作用。诸如这样的因素——一个发展中的工业社区的内在动力，当然会在这群精英的形成中发挥作用。但是，它也可能受到英国传统影响，英国传统提供了很多贵族制的模型。很可能，在这种情况下，两个因素共同起作用，不均等的动态增长提供了粗糙的模子，英国传统某一分化的支流则将其打磨成一个更精细的模式。那些为领头的“老家庭”成员提供了权力机会的特定制度，不是温斯顿帕尔瓦的发明。选举社区领导人的方式、地方议会本身、政党、教堂、慈善委员会、乐队及其他许多在温斯顿帕尔瓦发展起来的机构，都是以其他英国社区的先例为样板的。在温斯顿帕尔瓦定居和生活的人们已经学会并储存了许多安排社区事务和处理社区问题的特定方法，以供在适当情况下参考。他们可以用这些存储的信息为样板，指示出在处理社区事务时做什么和不做什么。如果他们足够灵活和有创造性，他们可以实验，以做进一步改善。作为社区领导人，温斯顿帕尔瓦第二代男男女女行使权力和担负责任的举止遵循了某些传统模式。无论他们是当地承包商、当地音乐商店的老板，还是别的什么职业，作为社区领导人，他们对穷人或外来者的态度，都被
69 设定在一个非常具体的角色模板中。很多迹象表明，他们的城市中产阶级和工人阶级角色是由前工业化背景下，地主、绅士和贵族对乡村社区的领导角色演化过来的。这种角色发展，这种宏观世界在温斯顿帕尔瓦的微观世界中的反映，非常值得注意，因为这个社区过去是，现在很大程度上依然是一个工人阶级社区。毫无疑问，“村庄”是一个特殊类型的工人阶级社区。它与较低的迁徙流动联系在一起，孩子与他们的父母在同一地方居住和抚养他们的家人。就交际而言，在扩张早期，该社区可能依然与较大的城市中心相当疏远。本地工业规模较小。它们看起来能提供满意的就业，尤其是对于更以家庭为中心的妇女来说。在这种情况下，那些几十年住在同一个街区的家庭，他们从孩童时就彼此熟识，很多时候一起长大，这些人之间的社区和家庭纽带事实证明依然很强，尽管其中某些人已经富了，从事中产阶级职

业，另一些人则依然比较穷，干着工人阶级的工作。在前者的带领下，他们排斥新来者进入他们的等级。温斯顿帕尔瓦发展出的主要社会分裂在老住户与新来者之间。前者牢牢占据了社区组织中的所有关键位置，享受着他们自己社团生活的亲密性，努力将那些不认同他们社区信条的陌生人排斥在外，在很多方面，这些陌生人冒犯了他们的价值观。对一些地方协会的组成和领导层的分析，使我们对排斥方法有了某些了解。第 2 区精英区的住户可能在表达他们的自豪感时，比那些住在普通街道的住户口气更强烈些，但是这种优等感是他们中的大多数共享的。他们有一些典型的方式表达这种自豪感。下面挑选了 70
一些他们说过的话。

第 2 区住户谈到自己的区

家庭主妇：“这是老片儿，你知道，‘老家庭’住的地方。”

老妇人：“我们依然称这片儿是‘村庄’。我们中的很多人出自这儿最早的家庭。”

牧师：“在这片儿被他们称为‘村庄’的地方，家庭间有大量的通婚。”

工程师：“我们中大部分是工人阶级，但是正派的工人阶级，与住在屋苑的那些人不同。”

家庭主妇：“我们这条街很好，有好邻居、好人。”

年轻的已婚男士：“这些房子很好。虽然是老房，但是空间很大，可以进行各种改造。”

年轻的主妇：“我喜欢这儿。我们离妈妈很近，可以相互帮助。”

女店主：“我们属于这儿。可以说，它是我们的村庄，我们的一切生活都在此。”

第六章　第 3 区的总体情况 71

在调查时，屋苑已经存在了约二十年，“村庄”则存在了约八十年。屋苑的 797 名居民都是工人阶级，不像第 2 区，这里没有少量中产阶级。如表 2 所示（见本书第 81 页），“村庄”和屋苑技能、半技能和非技能工人的比例只有较小的差异。三个阶层在两个街区都有代表。不过在第 3 区，技能和非技能工人的比例为 32.5% 和 31.4%，在第 2 区则为 26.1% 和 24.5%。

屋苑由一家私人投资公司所有，所有的租金都付给这家公司。每栋房子的一层有两个小房间，二层有两三间小卧室。这些房子建得很近，每排房子间有小花园隔开。许多住户在起居室内做饭，也有少数人为了起居室有更大空间，在房子后面建了小厨房。1930 年代房子刚建好时，有一段时间不太容易找到租户。“村庄”的人犹豫是否要搬进新房子，尽管租金那时较低。外面的人搬进来得很慢。这些房子首次住满是在慕尼黑危机后，驻扎在附近军营的士官的家庭搬了进来。随后，伦敦大轰炸后，伦敦军工厂的员工也迁到了这里。从此，屋苑的房子就很少有长期空置的了。人们迁来温斯顿帕尔瓦，最初是因为这儿有各种各样的战时工作，之后是因为一些不断扩张的行业提

供了很多本地的就业机会，即使是那些与鞋业、袜业有关的传统公司，虽然生产有波动，它们的工资依然高到吸引全国其他地方的工人
72 来这里就业。相当多的移民留在了温斯顿帕尔瓦，但是屋苑作为移民定居点的特征以及特定类型的移民的特征，在十年、二十年后依然清晰地显示在社区的结构中。绝大多数搬进屋苑的移民是小家庭群体的成员。夫妇两人一起，有的有孩子，有的没有。因此屋苑中的人在温斯顿帕尔瓦有亲戚的比例要比“村庄”的人低得多，如表 7 所示。

表7　受访者在第 2 区和第 3 区有亲戚的人数及他们在温斯顿帕尔瓦的亲戚总数

区号	受访人数	第 2 区有亲戚的受访者人数	第 3 区有亲戚的受访者人数	在温斯顿帕尔瓦的亲戚总数
1	12	10	—	61
2	64	42	5	128
3	25	3	6	15

第 1 区受访者提到的 61 位亲戚都住在“村庄”。这证实了其他资料提供的证据：相当一部分的本地流动是第 2 区住户社会地位提升，稳定地流入第 1 区。这有助于解释为什么在工人阶级和中产阶级街区的住户间可以观察到如此多密切的联系，以及为什么这两个街区的住户有共同理由敌视另一个工人阶级街区的住户。64 名住在“村庄”的受访者，有 42 人在第 1 区和第 2 区共有 123 名亲戚，在第 3 区仅有 5 名亲戚。反之，25 名住在屋苑的受访者，只有 9 名在温斯顿帕尔瓦有亲戚，其中仅有 3 名的亲戚在“村庄”。

73 相对缺乏当地亲属关系纽带导致了住在屋苑的家庭的孤立，增加

了他们在那里生活的问题。前面已经提到了有小孩的职业妇女的情况；她们外出时很难找到人照看孩子。有几个人在访谈中提到这个问题，并询问研究结果是否有助于表明在这个街区有必要设立一个日托所。在“村庄”的访谈中，没有人提到这类问题。

迁徙性的社会流动将许多相对较小的家庭单位聚集在一起，他们彼此陌生，这几乎在生活的每一部分都造成特定的问题。当被问到与邻居的关系时，许多屋苑的家庭说，“他们各管各的”，或使用类似的表达。在一定程度上，这种倾向是由于，不同于“村庄”的“老家庭”，屋苑的“新家庭”间不知道可以彼此期待什么。在迁徙的过程中，他们背负的作为个人构成的一部分的不同地方传统产生了很多误解。保持距离部分是一种自我保护的态度，面对那些虽然是邻居，但是在习惯、道德标准和行为举止上与自己迥异的人，这些差异常常足够产生陌生感和唤起猜忌。与此同时，既没有社会机会，也没有共同的传统，可以帮助他们启动相互试探的仪式，而这是建立更亲密的邻里关系的必要序幕。也许他们有不同的餐桌礼仪，这会冒犯对方。也许他们有不同的口音，或声音太大了。也许在求助时，他们没有采用适当的方式，或者借东西后没有还回去。在老社区中比较牢固确立的礼尚往来的统一规范还没有时间在这些新来者中发展起来。他们缺乏合作所需要的共同习惯以及社会交往所需要的共同仪式，在老社区中，这些共同习惯和仪式起到了人际关系的润滑剂作用。一位屋苑的 74
主妇说：“当我洗的衣服被吹到她的花园时，她没有来帮助，只是站在旁边看。”

没有人，无论是社区官员、牧师、医生还是其他任何职业的人，能通过训练或良好的感悟力，理解这样一个社区所展示的社会学问题，没有人有足够的权威和信心，帮助打破在他们之间存在的孤立和怀疑的墙壁，为他们提供制度性的帮助，促进更好的融合。他们虽然是邻居，彼此间却是陌生人。在现阶段，一般的公共思维会认为，在这种情况下，为新来者提供住房和就业就可以了。其他的问题，包括他们整个休闲时间的问题，被视为纯粹个人问题，并不重要。它们还没有被视为社会学问题，这些问题产生于这个社区的特殊性质，产生于个体组成的构型，而非形成该构型的个体。包括教堂组织在内的所有地方协会都是以第 2 区为中心的。社区的所有领导职位都掌握在第 3 区以外的其他两个区的人手中。由于屋苑的家庭不能依靠扩大亲属群体展开他们的社会生活，他们获得令人满意的生活方式的前景也不太光明。

毫不奇怪，如表 8 所示，第 3 区受访的绝大多数人表示，他们不喜欢他们的街区或者不关心街区，第 2 区受访的绝大多数人则表示喜欢他们的街区。

表 8　三个区对他们的街区的态度

	表示喜欢自己的街区		表示不喜欢自己的街区		表示街区不算差	
区号	人数	%	人数	%	人数	%
1	12	—	—	—	—	—
2	44	69	5	8	15	23
3	3	12	8	32	14	56

75 由于人数很少，我们不需要对这些百分比给予特别的重视，但是

在温斯顿帕尔瓦工作的几年里，其他的接触和观察证实了这三个区对待他们街区态度的差异。即使在第 3 区的受访者表示屋苑“不算差”时，他们通常也会提到那里生活的若干不愉快方面，然后用“我们只管自己”或“这地儿真的不算差”这样的短语总结他们的意见。他们尽量说街区的好话，但是至少暗示了他们对自己所在的地区评价不高。虽然许多“村民”非常自豪于自己的街区，在屋苑的居民中则完全缺乏对自己街区的自豪感。

屋苑的定居者若要形成自己的社区，可能也会遇到相当多的社区问题。而他们成为一个老社区的一部分这一事实大大增加了他们处境的困难。温斯顿帕尔瓦较老的、成建制的居民本可以发挥整合的力量，但他们对屋苑人的全盘拒绝使事情恶化。移民刚到时，困难就开始了。一位前伦敦人在访谈中回忆，那时他走进“村庄”的两个小酒馆之一，他点了酒，然后移到一张桌旁，想和围坐的人“交个朋友”，却被告知，“这个位置是留给一位朋友的”。他们被“村民们”视为外来者、一个地位较低的群体，这使得新来者更难对他们的新社区发生兴趣，打破他们最初孤立的障碍。另一位居民说，他去过一两次“老鹰”酒馆，受到“冷遇”，找不到人可以说话，因为其他人都是“成群成帮”地聚在一起。其他来自屋苑的信息提供者讲了同样的故事。他们发现酒馆里其他客人的态度很不友好，他们被排除在外。在研究期间，隔离几乎是彻底的。两家公共酒馆中的一家，“老鹰”，几乎只有“村民”光顾，另一家，“野兔和猎犬”，则是屋苑的人去。当问街 76
区中的居民会去哪家公共酒馆时，64 位受访的“村民”中，有 50 人回答去“老鹰”，2 人回答去“野兔和猎犬”。25 位来自屋苑的受访者，只有1人提到会去“老鹰”，19人回答会去“野兔和猎犬”。

在工人俱乐部，隔离没有那么严格，但依然很明显。尽管活动地点在“村庄”的主街，俱乐部的大部分成员是来自屋苑的男男女女。俱乐部举办的周末音乐会、宾果游戏和外出活动吸引了那些下班后在自己街区几乎没有娱乐机会的人。一些来自第3区的信息提供者说，他们被“老鹰”排斥在外，又不希望带妻子去氛围很糟的“野兔和猎犬”。但是工人俱乐部缺少亲密的熟悉感，这是与“村民”组成的俱乐部和协会的区别。三个区都有代表参加委员会，但是没有受访者能说出两个以上的委员会成员的名字，并且叫得出名字的总是第3区的居民。必须强调的是，在这样一种松散的结合关系中，有一些来自“村庄”的成员喜欢这个俱乐部，他们宣称，“游戏更好”，“饮料更便宜”，或者“妻子更喜欢来这儿，不愿意去‘老鹰’”。工人俱乐部因此为来自“村庄”和屋苑的家庭提供了机会，在下班后逐渐有更密切的接触，甚至可能彼此间形成某种友谊。但是没有这样的关系形成。一些住在屋苑的俱乐部成员说，他们在俱乐部遇到了一些来自“老区”的人，偶尔和他们一起玩多米诺骨牌或纸牌，但是交情仅限于在俱乐部内偶尔碰面，不会再有任何进一步的接触。尽管不太可能查到来自每一个区的俱乐部成员的确切人数，但“村民”的确只占很小一部分。在家中受访的25位第3区居民，有14位说他们是工人俱乐部的成
77 员。在第2区的64位受访者中只有3人承认他们是成员，很多人则严厉地批评，称俱乐部吸引的是那些“嘈杂”和“粗野的类型”。第1区有1个人承认是会员，但是他有些抱歉地指出，他接受邀请在俱乐部委员会中占有一席之地，与他的商业利益有关。

这种态度无疑部分要归之于这个事实：最初在屋苑定居的人，有相当大一部分是“粗野的类型”。虽然在研究期间，这种较粗野的工人阶级类型只构成了屋苑居民的较小部分，但这种记忆仍保留了下来。第一批到屋苑的移民首要关注的是自身的经济生存。下一批来的人，大轰炸将他们的家彻底毁了，他们转移到屋苑是出于战时的需要。那时候条件很令人沮丧：

> “现在情况不像以前那么糟了，”一位屋苑的老居民说，“过去每栋房子都是周二人搬进来，周五人又走了，为了逃避付租金。有时，房主会抓住他们，拿走他们的家具。然后在房子里进行拍卖，直到收齐租金。”

从那时起，条件有了很大改善。但是，要使那些在战争、经济混乱、失业及时常出现的彻底贫困的旋涡和沟壑中背井离乡、混杂在一起的工人们彼此形成一个尚可定居的社区，无论要具备什么样的其他条件，都需要时间。“村民们”自豪于他们的体面，并且急于在他们的街区中保持正派的标准，被住在他们门口更粗鲁的那群人惊到。在这些经验的基础上，他们形成了自己对屋苑人的印象。一些“较粗野的类型”继续生活在屋苑这一事实，一次次强化了他们过去形成的屋苑人印象。大多数屋苑居民不再属于这种“粗野”的工人阶级类型，总
的来说，他们有正派、良好的行为举止，不比“村民们”差，但是这 78
一事实无法战胜“村民们”过去形成且一代代传递的有关屋苑人的牢固、刻板的社区原型。他们对“一个整体”关闭了大门，不接受他们

进入自己的等级。这样，屋苑人从一开始就被排除在所在街区最强大的整合力量之外。如果在温斯顿帕尔瓦待上一段时间，人们就不会不注意到，“村民们”在提到屋苑时会使用一些标准的短语。这是他们传统的一部分。以下就是他们会说的话：

家庭主妇：“他们只是没有同样的标准。”

家庭主妇：“他们不管他们的孩子。”

家庭主妇：“他们那里总是打架。”

家庭主妇：“那个地方，不像我们的村庄。”

家庭主妇：“他们道德低下。”

家庭主妇：“住在这儿的人不打架，也不会观望不管。”

退休的机械师：“他们是难民，很多酒鬼，就是这样。”

铁道工：“他们是伦敦东区佬，习惯了糟糕日子。”

工人：“他们就像粉笔和奶酪一样完全不同。”

领班：“让我们面对现实吧，他们是不同阶层的人。”

店主：“贫民窟中清除出的人、爱尔兰人、伦敦东区佬，我不知道还是别的什么。”

从早期开始，在“村庄”的公共舆论中，屋苑的居民就被污名化为劣等人。无论条件如何变化，对屋苑人的拒绝和排斥始终是“村民”心中温斯顿帕尔瓦及其自身形象的一个重要部分。作为温斯顿帕尔瓦“老的”“正派”的部分，他们给自身打上优等性的印章。对于来自全国各地的移民社区的成员来说，“村民们”的这种态度使他们更难打破本就存在于作为陌生人的他们之间的那些障碍，在自己的街区中发展出某种社区生活。与一体感缺乏紧密相连的是，他们没有能力向老住户肯定自身及给出回击。相反，大多数的屋苑人虽然带着勉强，但 79
似乎接受了建制群体分配给他们的较低地位。虽然几乎所有的屋苑居民都是英国人，但很多人视彼此为外国人。屋苑人是这样谈论他们的街区的：

> 机械师：“他们是一些奇怪的人。各种外国人，所以我没注意。”
>
> 袜业工人：“他们叫我们‘老鼠巷’。”
>
> 一位年轻的主妇：“我不喜欢这儿。我攒钱好离开。”
>
> 一位年轻的主妇：“当我告诉一起工作的女孩住在哪儿时，她们用一种奇怪的眼神看了我一眼，然后说：‘噢，住在那儿。’”
>
> 一位年轻的主妇：“我们想在孩子出生前离开，因为我们不希望他与满是脏话的孩子一起长大。”
>
> 印刷工：“屋苑 50% 的人都是伦敦东区佬，他们造成了所有的麻烦。”

一个地区的住户认为他们所在的城镇街区与一个临近的街区是平等的，后者则认为前者处于一个低下的社会地位，这种情况是可能发生的。但是在第 3 区的案例中，不仅第 1 区和第 2 区的居民认为第 3 区是一个社会地位较低的街区，大部分第 3 区的居民也享有这个看法。他们清楚地意识到，作为屋苑人，他们与“村庄”中的人截然分开。一个常见的表达这种意识的方式是，即使在他们之间，也会使用“村庄”中闲言碎语提到屋苑时通常使用的贬损词。所有受访的屋苑人都会提到“老鼠巷”这个名字，这是对他们自己所在的温斯顿帕尔瓦部分的普遍接受的称呼。一位货车司机说，公司官员一再要求巴士售票员不要在屋苑的汽车站喊“老鼠巷”。屋苑的年轻人对这种污蔑反应强烈。一位 17 岁的女孩问：“你听到他们叫我们什么了吗？老鼠巷！女孩子走到这里就准备捂鼻子。”许多屋苑人的行为好像他们私下是这样看彼此的：“如果你住在这儿，你就没什么好说的了。”他
80 们似乎没什么动力与邻居建立和维持经常的接触。年轻人经常直截了当地说，他们计划离开屋苑，越快越好。一些老人提到，儿子和女儿结婚后会离开这儿，住到“其他地方的好房子”去。在“村庄”，一些年轻妇女说她们“喜欢待在妈妈身边”，这有助于“老家庭”网络的增长；而屋苑不是一个好街区这种不愉快的感受却驱使很多年轻人离开。从这个意义上，作为一个松散的移民和外来者社区，屋苑这一特定的构型是自我维续的。渴望上进的人会痛恨由于他们居住地的坏名声而投向他们的污蔑，倾向于尽快搬离这里，这为其他移民腾出了空间，后来者中有些人可能经历同样的循环。因此，最初作为在一个老建制住户构成的社区中的移民中心的屋苑，倾向于保留移民社区的特征，尽管有一些家庭长期待了下来。屋苑本身的动态使它难以摆脱这种污名。许多住户显然对第 2 区的人面对他们的优等感很不满。但是他们所说出的话及其表达方式都显示出他们的顺从和无助。下面是屋苑的人谈到“村民”时会说的：

主妇："他们势利、自负。"

工程师（伦敦撤离人员）："他们不在乎我们，从来没有。"

工程师（伦敦撤离人员）："太自以为是了，他们从来没有试图理解我们。"

劳工（约克郡人）："太他妈自以为是了。"

主妇："比这里人更好的一个阶级，尤其是那里有教堂。"

退役军人："他们对自己的小地方感到自豪。"

袜业机械师："老派人，他们称它为村庄，将你完全排除在外。"

如果人们还记得，这两个区，具有同一职业地位和同一收入水平的人 81
的比例没有很大差异，它们在当地地位排名上的显著区别所呈现出的问题就更加明显。它们在温斯顿帕尔瓦的发展中处于不同位置，一个"新"，一个"老"，前一个区缺乏凝聚力，后一个区则具有高度的凝聚力，所有这些在它们的地位差异上都起了作用。就屋苑人而言，意识到老住户赋予他们一个较低的地位，并没有增加他们的团结感或导致采取任何措施促进团结。

听了"村民"对屋苑的看法，人们会认为，在那儿会发现普遍低下的行为标准和洁净标准。事实是，我们拜访了很多屋苑人的房子，发现无论是洁净标准还是行为标准，他们都与第 2 区的人没有显著差别。与"村庄"中带阳台的房子相比，屋苑的房子要小一些，租金也略低些。但是依据"村庄"描述的形象，屋苑是一种贫民窟，居民是一些粗鲁的人，他们在缺乏照料的房子里，带着一群吵吵闹闹、缺乏管教的孩子。实际情况与这种形象有非常大的差异。我们花了一些时间搞清楚为什么“村庄”对屋苑的形象扭曲了事实，又以什么样的方式扭曲了事实。随着研究的推进，变得越来越清楚的是，这种形象和事实间的差异对于理解温斯顿帕尔瓦老区与新区间的关系有非常大的意义。像往常一样，这些形象是对社会现实的高度简化的呈现。它创造出了一个黑白两分的图景，没有给屋苑人的多样性留下任何空间。它对应的是“最劣的少数”。当我们走访屋苑中的一些家庭，他们的生活标准和方式与“村民们”几乎没有什么分别，但过一会儿进入另一所房子，屋中的居民可能恰是“村民们”认为典型的屋苑住户通常
82 会是的那种人。他们是比较粗糙的一种类型；他们的房子比“村庄”里看到的任何房子及在屋苑里看到的大多数房子都更少打理、更脏。问题是，少数人的行为如何及为什么主导了“村民们”对屋苑社区的一般形象。这种少数人的存在当然使得屋苑人更难维护他们的街区。“村民们”总是可以通过指出这个少数的这种或那种活动，证明他们形象的真实性，以此羞辱他们，使他们只能默许这种看法。在整个研究中，遇到的最穷的房子可能是位于屋苑的一个苦力的住所。有人告诉我们，他的妻子酗酒，“在酒吧工作”。若进一步探询，会发现有人相信她生活很放荡。他们有两个儿子，年龄分别是 21 岁和 18 岁，都是做苦力的。小儿子在当地的一所现代中学上过学，但他当时就已在街区中声名狼藉。在访谈时，他正处于缓刑期，后来被送进了监狱。房子的两扇窗户被打破了，卧室窗户的窗帘显然很久没洗过了，房子一侧的大门经常被踢，只剩下参差不齐的上半部分。起居室和厨房只有两把椅子——一把扶手椅及壁炉旁的一把破椅子。桌子上摆满了未

洗的锅及昨晚的剩饭。虽然房间中有电灯照明，天花板上依然挂着一
个煤气灯，撑着一张长长的粘蝇纸，上面布满了死苍蝇，母亲还要用
旧报纸拍打更多的苍蝇。壁炉上方是一面有裂纹的镜子，围着镜子，
墙上挂了一些电影明星的照片。另外一间几乎无人管的房子住着一名
从英格兰中部某地来到温斯顿帕尔瓦的男子。在战时服役期，他娶了
一名意大利女孩。他们有五个孩子，年龄从 5 岁到 17 岁。这个家很
久没有维护了，花园完全无人打理。邻居们说，自 1945 年以来，这
位母亲离家出走了好几次，这一点在与她儿子就读学校的校长的谈话
中得到了证实。这家的男孩是第 3 区一个帮派的成员。学校记录显示 83
他们经常违反学校纪律，学习成绩也很差。这位母亲对她的房子和家
庭都不以为荣。她可能怀念在自己国家亲属群体中的安全感。这个家
庭的家是当地报纸报道“温斯顿帕尔瓦的斗殴”事件中的一个现场。
这场“斗殴”是由这家的长女向一位寄居在附近的爱尔兰工人提议结
婚引起的。年轻的爱尔兰人的父亲住在伦敦，听到这个婚讯后，与另
外两个儿子赶到温斯顿帕尔瓦，明显意在阻止这场婚姻。但是在拜访
女孩的父母前，他们去了当地的一家酒吧。喝了一些酒后，他们出现
在女孩的家门口，开始大声叫喊，最后强行进入房间，这时遇到房中
住户的抵抗。在几番打斗中，这个女孩被她的未婚夫追到街上，被扔
在地上，还被踢了几脚，原因不明。同时房中的打斗继续。一些家具
被砸碎，窗户被打破。“斗殴”直到警察赶来才终止，救护车赶到将
受伤人员拉到医院。附近城镇的一家报纸生动报道了这场家庭争执，
并配有旁观者拍的照片。照片上男人带伤，女孩穿着浴袍。一位住在
同一街上的女孩在“开放青年俱乐部”（Open Youth Club）评论道：

"她平常就这样，她是这样的人！我妈妈昨晚听她妈妈说，她已经收到三封有关这张照片的信。你听说了吗？她在照片中穿着浴袍！是的，三封信，一封请她参加选美竞赛，另外两封请她做模特。"

在访谈名单中，"温斯顿帕尔瓦斗殴"现场的下一个被访谈者，是一个普通和安静的工人阶级家庭，他们对生活有很高的追求，有远见，并且就我们所能看到的，他们基本在当地定居下来，过着平淡的生活。他们的父母在战时搬到屋苑。丈夫在当地一家工厂工作，是一
84 名技师。大儿子在当地一所文法学校的六年级就读。小儿子还在小学。家具破旧不堪，家里不够整洁。但是父母用骄傲的口吻谈到他们的儿子及其能得到的教育机会。他们的期许很高，在鼓励孩子充分利用他们的机会上明显了下了很大功夫。在访谈中，大儿子加入了讨论，补充了父母对温斯顿帕尔瓦年轻人的评论。他们表示，屋苑里有"很不错的人"，按照他们的说法，麻烦只来自那些"伦敦东区来的家庭"。这家人提到了温斯顿帕尔瓦的服务设施很差，尤其缺乏娱乐设施。丈夫还建议社区中心为屋苑和"村庄"解决一些问题。但是，与屋苑中的很多人一样，他们认识到，如他们自己说的，不要"指望邻居"，"自己管好自己"就是最好的。

那些过着相对平静、不起眼的生活的家庭构成了大多数。[1] 但是

---

[1] 这一多数一少数的构型可能是许多工人阶级屋苑的特征。以下是登载在当地报纸上、写给编辑的一封来信，提到另外一个屋苑：

> 屋苑的坏名声是不应该的
>
> "B 区的体面人和游手好闲者"
>
> 在 M 区有一个普遍印象，显然，在有人去 B 区前，会有人告诉他，（转下页）

在社区的总体图景上，一些少数（父母和孩子）隐隐呈现，显得很大。就我们所见，这些少数中不包含那些按照糊口的收入来算比较穷的家庭。他们共同的特征是没有能力使他们自己及他们的事务井井有 85
条。他们中的大多数有个大家庭。一些人将他们的财务状况搞得很糟。绝大多数人不能使他们的孩子和他们的家井然有序。人格上的弱点而非经济上的窘迫似乎是问题的根源。他们基本上都是无序家庭（disordered families）。在 1959 年，大约有八九个这样的家庭生活在屋苑。他们中年轻的孩子组成了帮派，有时人们会遇到这些吵闹、粗鲁、穿着破烂的孩子们在温斯顿帕尔瓦的街道上游逛。在访谈另一些家庭时，会看到或听到，同样十几岁的孩子们在家做功课，或听唱片，或帮他们的母亲熨衣服。人们，尤其是“村民们”，在街上看到的大多数来自少数问题家庭的孩子，他们家里没有足够的空间，青年俱乐部的设施也不足，这将他们赶到了街上。他们晚上绕着“村庄”游荡，去电影院，经常整晚聚在电影院门口，或者，如他们中的一个人说的，“在公园里逛，直到公园关门，把我们赶出来”。

一旦人们把社区背景下少数人的作用和性质视为一个重要问题，

（接上页）所有最严重的犯罪都是在 B 区……屋苑孕育出的。这完全不是事实。在我们这里，如同在所有区一样，总会有一些少数，他们是小偷、游手好闲者及诸如此类的人物，但是这个屋苑的大多数人是勤劳、正派、诚实和体面的人，他们以自己的家为荣，保持孩子的洁净、整齐和诚实，培养女儿成为善良、体面的女孩，而不是像有些人认为的那样，是不道德的小婊子。

哦，我们有我们那份错误，但只有我们的那份……为什么人们要以少数评判一个地区？为什么他们不用他们的常识、用大多数人来评价我们，从正确的视角得到他们的看法，而是做出这种误导性的、笼统的陈述。

“一个正派的居民”

1963 年 9 月

这些问题家庭的少数人特征就是由具有活体实验性质的一些相对较小的条件变化所导致的。在研究的进程中，屋苑的租金略有提高。随着租金的提高，我们看到，这八九个问题家庭离开了屋苑，但是在大多数情况下，并不是因为他们付不起房租，而是因为在其他地方，他们可以用更高的价格找到更适合的房子。随着他们的消失，许多“村庄”赋予整个屋苑人的那些令人不快的特征也从画面中整体地散去了。如果要调查这一“实验”对两个街区的长期影响，尤其是对建制住户所形成的有关外来者的传统形象的影响，就需要延长研究时间，
86 它超出了此次调查分配的时间。对于研究期间能获知的一个影响，后面会结合越轨行为发生率进行更充分的讨论。

但即便如此，这一经验也使人们关注一个更宽泛的问题——少数群体在社区中的作用问题，他们对社区生活本身的作用，以及对邻居们，或说居民们，形成的街区印象的作用。如前所述，在第 1 区的中产阶级私宅区，工人阶级少数群体在本区的中产阶级住户眼中或者在其他区的邻居眼中，没有丝毫的重要性，毫不影响第 1 区的社会地位。在第 2 区的工人阶级区，中产阶级少数群体的存在倾向于提高和加强本区居民赋予自身的、与新近移民相比较高的地位等级和优等性。在第 3 区，一个新的工人阶级区，极少数声名狼藉的家庭倾向于给整个街区蒙上阴影。它极大地干扰了本区居民的生活，压抑了他们的自尊及对自身街区的自豪感，永久化了在温斯顿帕尔瓦其他住户眼中他们的低下地位。

社会学研究中经常隐含的一个假设——数字越大，自然伴随着意义越大——并不总是有证据证明。少数群体可以具有远超数量意义的

社会学意义。我们可以清楚地说明，为什么在屋苑的案例中，这个街区的大多数是普通的、体面的工人阶级家庭，而少数“声名狼藉的”家庭却对街区的生活和形象产生了与其数量不相称的影响。

如果同种类型的家庭在第 2 区定居，他们将面对一个紧密联结的
社区的坚实力量。他们可能会遭受这样一个社区对偏离者所能施加，
也确实施加了的所有压力。无论他们在哪里现身，都会受到公开表达
的或者以窃窃私语的方式表示出的冷遇、嘲笑、诋毁和羞辱。他们被
暴露在拒绝性闲聊（rejecting gossip）的全部力量之下，这是一个紧
密联结的社区的一种主要武器，也是它的一种乐趣。如有必要，他们 87
会被送上法庭。简而言之，他们的生活会被搞得很不舒服，直到他们
要么接受一种被漠视的外来者存在，要么搬到其他地方。屋苑这样由
工人阶级家庭松散联结起来的街区就没有这样的武器。一群倾向于退
缩的邻居，他们拒绝享受“相邻”的乐趣，“自己管自己”——一个
没有中心、没有领导层、没有团结和凝聚力的街区，无法对偏离的少
数造成任何有效的压力。对噪声、粗鲁及加之于他们的任何损害，他
们都不能索赔，直到它们成为警察的事情。按照这种情况下的通常做
法，他们缩到他们的壳里，努力“管好自己的事”，避免与他们不喜
欢的人有亲密接触，他们不可能排斥这些人，不可能对这些难管束的
少数施加压力及对他们实行某些控制。缺乏凝聚力，屋苑中的家庭处
于相对孤立的地位，这使他们无力阻止不愉快的场面。他们感到无
助，只能认命，同时还要忍受他们街区的坏名声及邻居们的粗鲁行为
带来的折磨。

在第 3 区的一次访谈被隔壁越来越大的喊叫声打断。被访谈的夫

妇先是放大说话声音试图掩盖噪声。然后他们开始有些尴尬。最后，谈话被隔壁妇女的尖叫声打断。“这他妈的是我的事。”她哭着说。然后是更大的撞击声和孩子的哭声。被访谈的夫妇随后解释说，隔壁的人最近因为酗酒后在街上打架被“送上法庭”。另一个第 3 区的被访谈者说，一天晚上，一个朋友来拜访，把他的新车停在外面。离开时，朋友发现车的一侧有几道很深的划痕。他询问在附近玩耍的孩
88 子，被告知是卡梅隆家的年轻人干的。当他找到这家，母亲听完对年轻人的投诉后说：“好吧，你希望我怎么做？你就不该把那该死的车停在那儿。”好几位在屋苑的受访者说，他们为年轻人“闯的祸”感到很抱歉，同时责怪这些父母疏于管教他们的孩子。一次又一次发生这样的事：父母“夜夜”跑出去“喝酒”，让孩子自己照顾自己。如果问得更仔细些，人们会发现观察者指的是同一群那八九个家庭。

然而，尽管“村庄”和屋苑的人心中屋苑社区的形象都相当负面，有一点，二者是显著不同的。第 3 区的住户在一定程度上意识到，他们区的坏名声及那些最令人不快的方面主要是由于一群少数人——一个特殊的家庭群体。第 2 区的居民则几乎无一例外地谈到整个第 3 区都是“糟糕的家庭生活”和“低下的行为”。他们没有意识到，大多数普通人的生活方式和行为方式与他们没有明显区别，没有在这个大多数与少数失序家庭之间做出区分，少数失序家庭的偏离行为吸引了全部的注意力。第 2 区一位妇女的陈述很有代表性，“屋苑的大多数住户是外国人和罪犯”，“外国人”和“罪犯”在这里是同义的。

第七章　对闲言碎语的观察 89

对一个自我分裂的社区进行如此深入的调查，收获之一是对闲言碎语的性质和功能有了更好的洞察。如人们看到的，“村庄”对屋苑的闲言碎语是建立在对屋苑人的既定信念上的，这个信念起到了过滤器的作用：对那些发生在屋苑里的不符合预定信念的事情，“村民们”毫无兴趣，几乎没有人认为值得将它们投喂到闲言碎语的碾磨机（gossip mills）中去。那些符合屋苑既定形象的事情则会被兴致勃勃地接纳，在闲言碎语的碾磨机中磨来磨去，持续一段时间，直到说腻了，被更新鲜的闲言碎语代替。

换句话说，闲言碎语不是一个独立的现象。什么是值得闲聊的（gossip-worthy），取决于社区的规范、信仰及社区的关系。屋苑的负面形象使“村民们”认为每一件可作为证据的事情都是闲言碎语欢迎的谈资，这与“村民们”对自己的正面形象正好相反。普通用法往往将两人或两人以上有关第三人的有或多或少贬损性的信息交流视为“闲言碎语”。但是从结构上看，指责性闲聊与表扬性闲聊是不可分割的，后者通常只限用于自己或自己认同的群体。将“村庄”中的闲言碎语与屋苑人之间的任何闲言碎语进行比较，可以清楚地看到闲言碎语的结构与闲言碎语者所在社区的结构是多么紧密相连。像“村庄”这样紧密联结的社区需要一个强大的闲言碎语流（flow of gossip），以维持社区齿轮的运转。它有一个精心设计的闲言碎语中央系统。在教堂和礼拜堂，在俱乐部和酒吧，在戏剧和音乐会聚会上，都可以看
90 到和听到闲言碎语的碾磨机在工作运转。人们可以观察到，“村庄”相对较高的组织水平是如何便利了闲言碎语口耳相传的流动，使有趣的事情以相当快的速度在社区内传播。

每一条有关社区中大家所知道的人的新闻都构成了闲言碎语中的花絮。在“村庄”里，有好几次，访谈者在进入一所房子还未自我介绍时就被认出来，是“前几天晚上拜访史密斯夫人的人”或者“周三下午去老人俱乐部”的那个人。在屋苑没有发生类似的事情。越紧密联结的社区就有越多现成的管道，公众感兴趣的新闻可以通过这些管道传播，人们同时也有更多的共同兴趣。无论新闻是有关进入“村庄”的陌生人还是“村庄”自己的成员，都会很快成为公共知识。在访谈中，当地家庭的、往往包含个人细节的事务，经常会被理所当然地讨论到，不比在协会聚会上少。相比之下，屋苑家庭则很少谈论其他家庭发生的事情。一位“村庄”的住户，是一个教堂戏剧小组的重要成员，在访谈中，她列出了这个小组中她的朋友。名单中缺了一位知名的女演员，访谈者向她提到了这个缺失。“你不知道吗？”对方惊讶地回答，“他们的孩子在圣诞节就要生了，所以这一次她没有参演。”在这一阶段，访谈者已经被“村庄”的人期待完全进入了闲言碎语的流通圈，虽然事实上他还没有完全掌握最新情况。“村庄”的大多数人——绝不仅仅是同一亲属群体的成员——已经相互认识很长时

间了。一位年长的女士回忆五十年前她如何与“哈里”一起玩儿，“他绕着草坪追我”。1959 年，两人都是老人俱乐部的热心会员。在像“村庄”这样的环境中，长期相识加深了对同群体成员所发生的一切的共同兴趣，便利了消息的流动。人们知道彼此的位置，沟通几乎没有障碍。关于彼此的新闻、关于所有公众所知之人的新闻，使生活变 91
得有趣。因此，除了主要与外来者有关的指责性闲聊，以及为自己和群体赢得荣誉的表扬性闲聊，闲言碎语流还包括群体内部的一些单纯闲聊，即有关熟人和朋友的新闻，这些消息本身就让他们感兴趣。

各种形式的闲言碎语都有相当大的娱乐价值。如果“村庄”中闲言碎语的碾磨机停止运作了，生活就会失去很多趣味。闲言碎语的本质不仅仅是一个人对其他人有兴趣，它代表了一种共同兴趣。提供闲言碎语新闻的人是人们可与之交谈的人。在这方面，“村庄”和屋苑的结构差异有助于明晰闲言碎语的性质。“村庄”的人比屋苑的人，有更广泛的共同熟识的圈子可作为闲聊对象。他们手中总有一些他们知道别人会感兴趣的娱乐新闻。他们谈论共同熟人的方式往往与他们谈论电影明星、皇室成员或任何其私人事务构成“新闻”的人时，没有什么区别，只不过他们是从报纸，尤其是通俗的周末版中知道后一类新闻。如前所述，在工作之余的居民娱乐上，“村庄”很大程度上是自给自足的。尽管有关自己成员或温斯顿帕尔瓦其他区成员的娱乐性闲言碎语不断被输入闲聊管道中，报纸上的故事也提供了很好的额外的闲聊来源，讨论这类新闻的方式是高度相似的。它们都是一些“私人性的故事”。如果你听到有人向一个熟人讲述一出他没看过的戏剧或电影，它听上去就像你听到他们讲述“村庄”中的邻居或屋苑中的人的故事一样。它具有闲言碎语故事的所有特征：语气和词汇是一样的，对人物和动机的简化、黑白分明的设置，当然还有背后的规
92 范和信仰，都是一样的。尤其是女性，她们似乎从关于外部世界的交流中，体会到了自己邻里关系方面的东西。在大多数情况下，闲言碎语的娱乐价值似乎与讲述者和接受者的自我满足和自我吹捧联系在一起。但是这不意味着她们总是责备他人或者怀有恶意。在“村民们”的闲言碎语中不缺少同情心，对其他人的不幸也不乏同情。

她们讲述克劳奇夫人故事的方式就是一个例子。她丈夫在第一次世界大战中亡故，留下了她和三个女儿，当时她还相当年轻。她外出工作，养活她的孩子，还照料其中一个孩子挺过了一场大病。她加入了退伍军人协会，帮助其他的寡妇。她的客厅中挂着一张她丈夫穿军装的大照片。随着孩子们长大，克劳奇夫人加入了其他几个协会。在俱乐部聚会上、在邻居们的闲聊中，人们怀着很深的感情提到她的故事和她本人。他们称呼她“亲爱的克劳奇夫人”或“老好人克劳奇夫人”，说她是“村庄”中受尊敬的成员。在失去丈夫后，她投身于服务社区的活动，这明显带给她新的生活动力和目的。“村庄”赞赏她对死去的丈夫、对社区和对公认的规范的忠诚。赞美克劳奇夫人，他们同时赞美的是他们在自己街区倡导的正派、体面的生活，正与他们知道的其他街区相反。让他们感到满足的是人们与自己的社区和自己的良知融为一体的感觉。表扬性闲聊无疑给了克劳奇夫人相当大的支持，先是在她早年困难时期，现在是在她晚年的生活。在她的案例中，就像在研究过程中遇到的其他案例一样，一个家庭单位遭遇困难和不幸时，从社区的支持中获得了巨大的好处。支持性闲聊

（supporting gossip）是动员社区帮助的工具之一。在街头、俱乐部、教堂以及其他闲言碎语的管道向店主和工厂管理层传递的信息是，X 夫人或 Y 先生“正处在艰难的斗争中，应该得到帮助”。正如人们看 93
到的，在提供和拒绝帮助时，慈善委员会都利用了闲言碎语的管道。“我们在密切注意，”一位成员说，“我们还请店主注意任何真正困难的案例，特别是老年人，然后，当名字传给我们时，我们会去调查。”

尽管支持和赞美性闲聊在闲言碎语流中占有一定比重，在“村庄”的闲言碎语管道中从未停歇过，但是，它们常与具有相反情绪色彩的闲言碎语内容，与拒绝和指责性闲聊混合在一起，二者是不可分割的。粗略估计，后者比前者占据了更大部分。人们的印象是，有关社区知名人士违反公认规范的新闻更被津津乐道，它们比有关某人遵守公认规范的表扬性闲聊或有关他需要受到支持的闲聊，为讲述者和接收者提供了更多的娱乐和更愉快的满足。虽然后者同样间接吹捧了闲言碎语搬运者的自我——我们的“老好人克劳奇太太”常常带有高人一等的意味——但前者自我吹捧和使人愉悦的意味则明显更强。指责性闲聊更直接地吁请闲聊者的正义感。它也提供了另一种乐趣，即与他人谈论那些被禁止的、不能做的事情。而且这些谈话听起来似乎勾起了闲聊者的想象力，使之马上联想到如果他们自己做了不该做的事——“想想看！”——会感受到的恐惧的阴影和内疚，然后很快回到快活和轻松的自己——“但那不是我！”。一个人与其他人闲聊这些是自己没有过失的证据。它强化了正义者的社区。对违反规则的人进行集体指责和惩罚有很强的整合功能。但它不是独立存在的，它使已存在的群体联系保持活跃和不断强化。

94 如果有人强调闲言碎语的整合功能，这只说对了一半。如此次调查所显示的，事实要更加复杂，虽然要简单地说，指出闲言碎语的结构及其功能的构型也基本足够了。闲言碎语不能被视为一个独立的中介，它的结构取决于彼此闲聊的成员所在社区的结构，这一点前面已说过。闲言碎语在温斯顿帕尔瓦的两个工人阶级街区有不同的特征。在紧密联结的“村庄”街区，闲言碎语通过不同家庭和协会网络提供的管道，自由和丰富多彩地流动。在松散的、组织化程度不高的屋苑街区，闲言碎语的流动总体上更加缓慢。闲聊的回路更短，还经常有断连。甚至相邻的家庭也常常没有或只有些微闲聊联系。闲聊沟通有更多的障碍。

即使在“村庄”本身，闲言碎语也绝不是仅有支持“村庄”主导性舆论认可的人及巩固居民间关系的功能。它还有排除人和切断关系的功能。它可以作为一种非常有效的拒绝工具。例如，如果“村庄”中的一个新住户被认为是“不太好的”，有关违反规范的故事就会通过闲聊的管道传播开来，且常常以一种经高度渲染的形式，如前面讲过的例子，一位女士在寒冷的冬天请一位清洁工喝了一杯茶。这一可怕的武器被人们以一种集体的、毫不容情的强硬态度使用，而他们中的许多人作为个体时都是怀有善意和好心肠的，这正是闲言碎语的碾磨机不断运转，以及在紧密联结的社区，信息和观点的持续交换对社区意见和信仰所产生的特定影响的特征。

闲言碎语的决定因素之一是闲聊者对同伴耳朵和注意力的竞争程
95 度，这又取决于群体内的竞争压力，尤其是地位竞争的压力。如果一个人能够胜过他的闲聊同伴，如闲聊外来者时，能比同伴说出更多的丑闻和更无耻的事情，或者能够显示出他更忠实于群体的共同信条，在主张加强群体自豪感的信念方面更激进，那么他就可能得到更多的关注和认可。紧密联结的群体内部的竞争动态对一般的群体信仰，尤其是对闲聊的内容所产生的扭曲性效果是一种畸变，使之朝向最有利于自己群体、最吹捧自己群体的信仰，以及最不利于、最丑化那些不屈从的外来者的信仰，并且这两种情况都有日益僵化的趋势。总体上可以说，一个群体的成员的自我优等感和自豪感越牢靠，形象与现实间的鸿沟、扭曲的程度就会越小；反之，他们越感到威胁和不安全，内部压力及作为其一部分的内部竞争，就越可能促使共同信念走向幻象和教条式的僵化的极端。[1] 事实上，人们经常可以把群体信仰的扭曲和僵化程度作为标尺，如果不能量出实际的威胁，至少可以衡量一个群体感到的威胁，在这个意义上，它对重构处境会有帮助。“村民们”虽然与定居在屋苑的新来者相比更有根基和势力，但他们肯定感到新邻居威胁了他们成建制的生活方式。他们甚至可能感到，这是工业化和都市化新浪潮威胁到温斯顿帕尔瓦的老区及他们最根本的生活方式的先兆。“村民们”，尤其是“老家庭”网络，对这一威胁的回应 96
是强烈强调旧的“村庄精神”，以及对不遵从的邻居高度的不容忍。

“村庄”的闲言碎语是有相应的模式的。它的不容忍，它作为整

[1] 人们很可能会问，一个社会在人类长期发展中的地位，与信念和事实间的相对距离和一致性是否相关。从整体上看，比起更加分化的社会，在简单社会中，信念与事实间的距离和不一致更大，尤其是有关“自然”的信念。但这正是问题所在。简单社会更容易受到威胁，更加不安全，因为这种不一致一定程度上导致他们对“自然”、对他们自己和他人的控制更弱。进而，由于他们控制力较弱，他们通常更不安全。这是最基本的人类困境之一。

合的障碍的功能，在针对“村庄”的不遵从者时已很强烈，在针对屋苑人、对屋苑的不遵从者时则更加突出，虽然在后一种情况下，作为社会控制的手段，它们不是那么有效。前面已经提到，大多数“村民”无法察觉到屋苑人能带来什么好处。用于屋苑人的关键词、关于他们的故事，都是有偏斜的，意在强调自己行为、价值和生活方式的排他的优等性及屋苑人整体的劣等性。不用怀疑，所有这一切都是出于良善信仰的纯真之举，没有恶意的捏造和宣传的性质。通过理想观点的强化和对认可的不断竞争，作为一个亲密团体，“村民们”可以做到将他们不想看到的关于自己和邻居的东西排除在他们的感知之外，同时鲜明地强调他们想看到的东西，这足以解释这种扭曲。重要的是，二十年后，“村庄”里老一辈的人依然强调他们与第3区居民之间的社会距离，称他们为“被疏散者”“难民”和“伦敦东区佬”。一位教堂领袖，三代“村庄”家庭的成员，总结这种观点说：“他们不像村庄的人。少数人加入了村庄生活，但只是少数。我不知道他们是什么，但他们只是杂居在铁路另一边的外国人。”人们可以感受到“村民们”真诚的困惑，他们认为这些新邻居达不到他们自己的标准，而在他们心中，“村庄”的标准是所有正派英国人的标准。我们可以再次看到，这一亲密群体从他们天真的自我中心出发，不能看到另一面及那些似乎相互抵触的需求；他们把另一个群体当作别国的外
97 来者来拒绝，通过指责性闲聊阻止他们加入自己的社区生活。同时，他们又抱怨对方不肯加入他们的社区生活。“村庄”的孩子们重复地从父母那里听到抱怨屋苑的故事，他们则从学校带回家有关屋苑孩子的故事，这些故事往往肯定了对屋苑劣等性的信念。因此在与一个

“村庄”家庭的访谈中，父母提出了教育问题及它对年轻一代的重要性，他们 13 岁的女儿这时就在同一房间里。这位母亲说，有些人浪费了良好教育带来的益处。她给的例子是：“在上周晚家长会上，有一个屋苑的女人。当校长正在说学校制服看起来很好时，这个女人站起来说：‘买不起，我丈夫在监狱。’”这位父亲厌恶地哼了一声，女儿笑了起来。母亲接着说：“就是这种来自屋苑的人破坏了温斯顿帕尔瓦。”

那些尽最大努力达到正派体面的社区标准的人，对于达不到这些标准的少数新来者的恼怒是可以理解的，这种恼怒凝固为对铁路另一边的街区进行整体谴责的传统。孩子们从他们的父母那里学到了对屋苑人的断然拒绝，并且在这种事情上更加直言不讳和冷酷无情，在学校里把它用作武器对付屋苑的孩子。拒绝性闲聊和歧视最初可能仅限于成年人，随着下一代的成长，这种情况变得更加严重，因为孩子们在生命的早期就学会了歧视性的态度和信仰。由于这个传统相对“老”，由于它是从父母到孩子，再到孩子的孩子这样传递下来的，所以它强化和深化了他们的社区性特征对拒绝性闲聊、群体偏见、群体歧视及它们所体现的信念的影响。这增加了它们的僵化、公理性特征和对基于事实证据的反驳的无动于衷。

社区持有的信仰常常不受任何与之冲突的证据或证明它们为错误
的论据的影响，因为它们被许多有密切交流的人共享。它们的社区性 98
特征使其看起来必定是真实的，尤其是如果一个人从童年开始就在一个紧密联结的群体中，与它一起长大。在这种情况下，这种信念的真实感几乎是不可动摇的。即使一个人在更理性的层面上得出结论，认为这个信念是错误的，且开始拒绝它，但作为一种强烈的感受，它仍可能持续存在。

在“村庄”的闲言碎语中所表达的有关屋苑的信念，显然在这种过程中得到固化。在两到三代的过程中，这一根植其中的感受成长并变得牢固。对于这些老老少少都生活在紧密联结的社区围墙后面的“老家庭”来说，这些信念已成为公理，不言自明：每一个熟识的人都相信它们。要想摆脱和反对这种共享的偏见——这一偏见保证和正当化了自己群体的优等性及另一相互依存群体的劣等性——并受到整个社区公共舆论的支持，需要一个成员有超凡的个人勇气和力量。这意味着会招致同伴的不满，要承受封闭的群体向不遵从的成员施加全部压力和惩罚的风险。“村庄”像所有其他紧密联结的群体一样，是一个相互欣赏的社会。夸大自身好的品格和邻居们的坏品格是常见的征候之一。它说明了这样一个事实：“村庄”中的许多人作为个人时似乎是心地善良、通情达理和公平的，作为社区代表发言和行动时，他们对外来者的态度则往往是不友善的、恶意的、无情的和缺乏理解力的。在这方面，“村庄”的闲言碎语同样反映了闲聊群体的结构和状况。这是一个具有高度凝聚力的老社区的征候。这尽管有助于维持凝聚力，或许还能加强它，却不能创造出新的凝聚力。

99 这一点也适用于屋苑闲言碎语的特征。由于屋苑是一个整合很差的街区，闲言碎语是分散的，几乎没有证据表明闲言碎语是一个整合因素。屋苑中“声名狼藉”的家庭为许多“体面的”家庭提供了现成的话题。他们的成员经常交换对“声名狼藉”的家庭的贬低意见，还互相传递一些共同感兴趣的新闻。但是他们之间的共同点比“村庄”家庭要少，更倾向于“各管各的”，这阻碍了闲言碎语的交流。在调查的那些年份，一个重复出现的闲言碎语内容是，在第 3 区一些房子外面停放的汽车数量显著增加。在不同条件下，这一增加或许本有助于提高相关家庭，甚至整个街区的声望。在第 3 区情况则相反。人们经常可以听到第 3 区的其他住户对这些汽车所有者的讽刺。“有车的是大家庭，”一位主妇评论道，“他们花家庭津贴买车。”另一个说：“他们靠分期付款买车，你知道吧。我知道。我在分期付款机构工作，负责这个区的汽车业务。”

但是在第 3 区，大多数家庭对少数“声名狼藉”的家庭的闲言碎语本身并不能在前者中实现更大的团结。在这种情况下，如果没有其他更基本的要素，它不可能实现任何东西。它不可能成为一个整合要素，因为它使屋苑大多数“体面的”家庭顾虑与其他屋苑家庭的关系太亲密。第 3 区没有扩大家庭网络，没有地方委员会和协会，也没有适合的建筑物作为聚会场所，这阻碍了类似“村庄”的闲聊管道和闲聊中心的形成。在“村庄”，熟悉的氛围及在长期熟识的基础上形成的亲密感，便利了闲言碎语的流动，这些在屋苑都完全缺失。这里，像“村庄”一样，人们在家门口谈论有关酗酒、暴力、滥交、脏乱的
最新故事。但是他们谈到这些时更谨慎，还常常带着尴尬。他们不能 100
自由地、带着“村民”一样的优等感闲聊这些失序行为，因为它发生在自己的街区，他们自身的生活和地位更直接地受到它的影响。在这种情况下，与其他情况一样，对于一个家庭的地位来说，重要的显然不仅是你自己是谁，还有你的邻居是谁。他人的地位排名与自己的地位排名同样重要。在屋苑，“体面的”家庭对自己邻居的低评价有助

于阻止他们关系变得越来越亲密。他们在一起闲言碎语的事实不会实质性地改变这一处境。这没有促成他们更亲密地整合。

因此，闲言碎语具有整合功能这个观点需要一些限定。它将能够作为因果主体独立行动的物或人的特征归给了闲言碎语，全然独立于闲言碎语的人群。事实上，如果我们说闲言碎语具有这样的功能，这只是一个修辞说法。因为闲言碎语只是人们在群体中做的事情的一个类别名称（class name）。“功能”这个术语，在此处或类似的情形下，看起来很像是旧术语“原因”（cause）的伪装。赋予闲言碎语整合的功能容易让人以为闲言碎语是因，整合是果。更准确的说法可能是：整合更好的群体可以比整合不太好的群体更自在地闲聊，在前一种情况，人们之间的闲聊加强了已存在的凝聚力。

闲言碎语的模式和内容随着闲聊群体的结构和状况而变化。这就是对闲言碎语在温斯顿帕尔瓦两个工人阶级街区所起的作用进行比较所表明的。在整合较好的“村庄”街区，闲言碎语具有整合的功能。在整合较差的屋苑街区，没有发现有整合的效果。如果不把诸如闲言碎语这样的群体活动与产生它的实际群体联系起来，不以后者解释前者，社会学的任务就依然是不完全的。

101 但是，闲言碎语总有两极，闲聊者与被闲聊的对象。在闲言碎语的主体和客体属于不同群体的情况下，参考框架不仅是闲聊者的群体，还有两个群体的结构和状况以及他们之间的关系。如果没有这个更广泛的参考框架，就无法回答这样的关键问题：为什么群体闲聊可以像“村庄”关于屋苑人的闲言碎语那样，成为伤害和羞辱另一群体成员并确保其凌驾于他们之上的有效手段。

许多“村民”习惯性说的有关屋苑家庭的情况都是夸大或不真实的。大多数屋苑人并不“道德低下”（low morals）；他们并不经常争吵，不是习惯性的“酗酒者”，或者不能控制他们的孩子。为什么他们无力纠正这些错误的表述？为什么当一个“村民”在他们面前用“老鼠巷”这样羞辱性的暗语，象征他们低下的社会地位时，他们会忍受这种羞辱？为什么他们不能耸耸肩或者用同样泛滥的影射和歪曲回击对方？

一些组织上的解释已经被提到过。“村民”比屋苑人更加团结；他们排斥屋苑人进入他们的等级，他们的团结使其关于屋苑人的陈述更有力量和真实性，无论它们与事实有多大的差距。屋苑人无法回击，因为他们没有权力。但是为了更深入地了解这一构型，除了组织方面，如“老家庭”网络的成员对关键位置的垄断，还需要在图景中包括个人方面。大多数屋苑人不能回击是因为，在一定程度上，他们自己的道德良知是站在诋毁者一边的。他们同意“村庄”那边的观点：不能管好自己的孩子，或者酗酒、吵闹和暴力，是不好的。即使这些责备都不能用在他们身上，但他们非常清楚，这些责备适用于某些他们的邻居。他们可能会由于对邻居的坏行为的暗示而感到羞耻，因为 102
按照感性思维（affective thinking）的原则，由于生活在同一街区，这些指责、贴在街区上的坏名声，都会自动适用于他们。如同许多其他情况一样，在一个群体某些成员身上观察到的污点，会在情感上被转移到群体的所有成员。“村庄”中的拒绝性闲聊、所有公开的或悄声表达的对屋苑人的责备和蔑视，都对他们有影响，无论他们自己的行为有多正派和遵纪有序，因为他们自身的一部分，他们的良知，同意“村民”对他们邻居的低评价。正是这种无声的同意，麻痹了他们进行反击和坚持自我的能力。如果某人用一个贬义的名字称呼他们所在的群体，直接或间接地指责他们的错误行为和不良品质，他们也会被置于羞辱中，尽管事实上，在他们的群体中只有“最劣的少数”如此行事。

一个普遍的现象是，将指责或赞美加诸一些个体头上，就因为他们属于一个据说应得这些指责或赞美的群体，尽管单个来说，他们从未做过任何与之相配的事。人们常常通过咬牙切齿地抛出一些贬低和诋毁这些群体的名称，或与之相关的一些羞辱性的闲言碎语片段，压制那些与他们有分歧或争吵的人，让其缴械，只要他们自己属于一个成功地声称比他们的对手地位更优等的群体。在所有这些情况下，被攻击的对象都无法反击，因为尽管他们个人对这些指控或责备是无辜的，他们却不能抛弃，甚至在心里依然承认自己与被污名化的群体是一样的。诋毁使得社会劣势群体对一些劣等符号产生自我羞耻感或罪感，将一些无价值的标签贴在他们身上，并造成相伴而生的反击能力的瘫痪，所有这些形成了一套社会机制的一部分，社会主导群体和优势群体用这套机制维持他们对社会劣势群体的统治及优等性。劣等群
103 体的个别成员总是被同一把刷子涂上污点。作为个体，他们无法摆脱群体的污名，就像他们无法个体地摆脱所属群体的低下地位。今天，人们在谈论和思考时，似乎常常认为当代社会的个体不再像以前那样与他们的群体紧紧绑在一起，过去的人被束缚在家族、部落、种姓或庄园中，并受到相应的评判和对待。但是最多只有程度上的差别。温斯顿帕尔瓦屋苑人的例子就是一个缩影，它显示出，通过被他人和自

己等同于他们的群体，即使在现代社会，个体的命运在多大程度上有赖于他们群体的特征和处境。仅仅因为生活在一个特定的街区，个体就被按照他人有关他们街区的形象评判和对待，在一定程度上，他们也用此评判自己。这种个体对所属群体的地位和形象的依赖，以及在评价他人和他们的自我评价中，将前者与后者高度等同的做法，并不局限于如邻里这样个体社会流动很高的社会单位。还有其他一些社会单位，如民族、阶级或少数种族群体，在其中个体对他们群体的认同，以及这些个体被赋予某些集体属性，都没有多少弹性。其他更有权势的群体加在这些群体身上的集体羞辱，体现在标准的辱骂和老一套的指责性闲聊中，通常会在其成员的人格结构中深深扎根，成为其个体认同的一部分，因此不能摆脱。

在人格结构中同样深深扎根的还有另一对应物，即对自己所在群体的集体恩宠和美德的信念，不仅这些群体自己，那些被他们认为劣等的其他群体也可能将这种恩宠和美德归于他们。“村民们”，尤其是“老家庭”网络的成员感到他们拥有的群体卡里斯玛就是一个例子。它构成了他们自我形象的一个焦点——不是作为个人，而是作为一个
集体，作为这个群体的成员。它有助于使他们生活在一起，有助于他 104
们保存它的努力更具意义。

但是群体卡里斯玛声称所发挥的团结功能，即它作为群体维护者的功能，像在其他情况一样，只有通过在与其他群体的关系上设置尖锐障碍才可实现，据此，其他群体的成员被永远排除在他们所拥有的恩宠和美德之外。通过提升自己群体的成员，这一群体卡里斯玛自动地将其他相互依存群体的成员置于劣等地位。“村庄”老群体声称的

群体卡里斯玛是带刺的。它不仅有助于划分我群和他群的边界，还有将外来者围起来隔开的功能，从而有助于保持自己群体的纯洁和完整。它既是防御武器，也是攻击武器。它暗示，不能参与杰出群体成员声称具有的恩宠和美德，是一种蒙羞的标志。人们在“村庄”中观察到的只是这一模式的一个小规模例子，在许多老建制群体，如民族、阶级、多数族群，与他们的外来者的关系上，会看到更紧张和激烈的形式，无论这些外来者是停在现在的位置还是正在兴起。在任何地方，赋予自己群体卡里斯玛，赋予外来者群体蒙羞，都是相辅相成的现象。[1] 而且，就像在“村庄”中一样，在任何地方，这种双生现象都可以在赞美自己及指责、群体辱骂和群体伤害外来者的原型中找到它们的表达方式。甚至卡里斯玛群体中那些“最不配得”的成员也倾向于声称自己具有那些归属于整个群体，但是实际上只有“最优的少数”才具有的特征和价值。

再一次，人们可以看到闲言碎语的结构与闲聊群体的结构是多么
105 紧密地绑在一起。我们业已观察到的“表扬性闲聊”将方向转向理想化，“指责性闲聊”则转向老套的谩骂，这些现象都与对自己群体的卡里斯玛和其他群体的蒙羞的信念紧密相连。在老建制群体中，群体中的年轻人，可能还有他们的父母、父母的父母，都从孩童时起，就从相应的表扬和谩骂的符号中吸收这样的信念，这种正面和负面的群体形象深深地渗透进个人形象中。集体认同，以及作为其一部分的集

[1] 对于“群体卡里斯玛和群体蒙羞”的问题，在1964年4月29日海德堡举行的第15届德国社会学年会（“马克斯·韦伯的世纪”）上，诺贝特·埃利亚斯宣读的同名论文已经进行了充分的讨论。

体自豪感和对群体卡里斯玛的声称，有助于从他自身及其他人的经验中制造出他的个体认同。没有一个人在成长过程中没有把他的个体认同扎根于一个或多个群体认同中，尽管它可能是模糊或脆弱的，在后来的生活中可能被遗忘了；也没有一个人在成长过程中会完全不了解表扬术语和谩骂术语、表扬性闲聊和指责性闲聊，以及相伴随的群体优等性和群体劣等性。

第八章　温斯顿帕尔瓦的年轻人 106

像其他工业区一样，温斯顿帕尔瓦有一些年轻人是越轨者或近乎越轨者。1958 年，他们之中有少数来自第 2 区，大部分来自第 3 区，无一人来自第 1 区。和在其他地方一样，温斯顿帕尔瓦的年轻人中被起诉的只是少数。那一年，在第 3 区 7 岁到 16 岁的孩童中有 19 名少年犯，占同龄人口的 6.81%，第 2 区只有 3 名，占同龄人口的 0.78%。两个区越轨率的差异非常大。此外，在 3 名被定罪的“村庄”少年中，有 2 人只是违反了技术规则，只有 1 人因侵犯财产被定罪。第 3 区的情况正相反。19 名少年犯中，17 人因侵犯人身或财产被送上法庭。另外 2 人犯的是技术性的过失，如骑不安全的自行车或者在铁轨上玩耍。来自“村庄”和屋苑的年轻人有些可能犯了罪，没有被抓住。但是截至目前，这两个区的绝大多数年轻人都是遵守法律的。

然而，这两个区域为孩子提供的满意的成长模式的机会却大不相同。“村庄”有建制完善的社区标准。它们相对统一，为许多家庭所共享，这使得年轻人很容易达到这些标准，高度发达的社会控制网络让他们更难犯错。在屋苑，则几乎完全由各个家庭为他们的孩子提供行为标准，一个家庭的标准又常常与邻居不同。它们缺乏社区支持，107

在同一街区每个家庭的习惯和规范差别很大，一个家庭的孩子会公开做另一个家庭严格禁止的事，这造成屋苑年轻人的成长过程比“村庄”年轻人困难得多，更有可能发生困扰。“村庄”这样紧密联结的社区比屋苑更能提供成人对孩童的稳定控制，这是稳定的自我控制的成长条件之一。当父母都出去工作时，总有亲戚或邻居照看这些孩子。在屋苑，孩子常常被扔下，靠自己。如果“村庄”的孩子在街上玩儿，他们是处于相互熟知的邻居中；他们的父母很肯定，如果他们的孩子将要伤害自己或他人，或者损害别人的财产，会有一些邻居警告他们。一个被孩子惹恼的成年人只要冲他们喊一句“别闹了，不然我会告诉你妈妈！”或者诸如此类的句子，通常就足够了。

在屋苑孩子玩耍的地方，周围房子里住的人很多时候是相对而言的陌生人，他们相互间没有义务感，常常不愿干预对方或与对方发生联系，他们很冷漠，有时甚至对玩耍的孩子有敌意，孩子们对他们也抱有类似的感情。他们不会说“我会告诉你妈妈”，他们几乎不认识他们的父母，也不想认识。在第 3 区，向一些妈妈投诉不会有什么回应，如果有的话，会是一些破口大骂。

在屋苑，工人阶级家庭的孩子们被巨大的鸿沟分隔开：有些家庭尽力为他们的孩子提供良好的教育，敦促他们“上进”，非常看重成就和成功；另一些工人阶级家庭或多或少让他们的孩子自生自灭，几乎没有意愿，可能也没有机会改善自己及他们孩子的命运。很多人不
108 知道想要“上进”的话，该如何着手。他们日复一日，没有职业的概念，也没有长期规划可言。虽然在拜访屋苑时遇到的大多数年轻人，放学后或者下班后在家里做的事情与“村庄”的同龄孩子没有什么两

样，在温斯顿帕尔瓦的街面上也不太能看到他们，但是少数年轻人似乎除了在街上闲逛，没有别的事可做。人们总是在那些地方看到同一拨年轻人。他们来自那些住在小房子里的大家庭。在温斯顿帕尔瓦，他们没有其他地方可去。他们中的大多数来自那八九个“声名狼藉”的家庭。

就规模而言，温斯顿帕尔瓦为年轻人提供的设施非常差。温斯顿帕尔瓦的六个教堂或礼拜堂青年团体都在第 2 区聚会。它们的成员很少，只限于定期参加教会活动的年轻人，几乎全部是从第 2 区招募的。第 3 区没有青年俱乐部，尽管英国圣公会的一个小支部在屋苑的宣教厅有聚会。除了一个例外，所有其他青年组织都相当严格地排除来自屋苑的年轻人。有些屋苑的年轻人试图加入，但是大多数情况下，他们不能像“村庄”的孩子一样定期出席宗教活动，于是被要求离开。一位教堂的青年领导人这样向地区青年委员会解释这种情况：

> 我们俱乐部里已经有太多人了。不是针对他们，规则是只有教堂成员能参加俱乐部。名册上有超过 40 个人，只有 14 人去教堂，所以委员会说，我们必须将那些从不去教堂的来自屋苑的麻烦制造者们赶出去。

这种阶段性的清理，将大部分第 3 区的年轻人驱除出俱乐部组织提供的社会活动及训练设施。

只有一个青年组织面向所有来自屋苑和“村庄”的年轻人敞开大

门，即县教育局按照政策组织的“开放青年俱乐部”。它在本次调查
109 期间成立。本书的一位作者参与了组织该俱乐部的活动。在温斯顿帕尔瓦这样的社区，对这类组织的需求是巨大的。它也是一个“现场实验”，使我们有可能近距离地研究两个工人阶级街区的隔离给年轻一代带来的问题。

在我们有可能参与和观察俱乐部工作的三年里，在很多被称道的方面，俱乐部是成功的。它不断吸引着来自温斯顿帕尔瓦各处的大量年轻人，他们似乎很喜欢它的活动。它很快成为社区最大的青年组织，在大约50个成员中，有20个住在屋苑。俱乐部组织游戏、业余爱好、竞赛、舞蹈和节日庆祝活动。委员会由俱乐部成员从内部选出，有很大的自主权。每周的聚会在中学的一间教室举行，这间教室由俱乐部支配。尽管县教育局不断给予帮助，但可用的手段还是很有限，无法满足需求。尽管做了很多努力，依然无法找到更大的、更适当的场所。

在努力提供手段时，人们遇到了可能在当下许多工业社区都存在的一套特殊的价值体系，它们与年轻一代的问题有一定关系。按照这套价值系统，人们接受，年轻人的学校教育和培训——凡是涉及工作或与工作有关的东西——都可能是公众关注的事务，因此应该得到公共基金的资助。但是为休闲活动和享乐提供资助，在权威当局和老一代的价值等级中，则处于低得多的位置。他们已经接受了这个事实：在大多数情况下，单个家庭无法靠自己为他们的子女提供与高度复杂的工业社会要求相称的学校教育和培训设施。因此，在公共支出的列表上，提供这些设施现在被列为一个高度优先的项目。在这个列

表上，为享乐及课后和工作之余的活动提供资助依然处在一个很低的排名。它们依然在很大程度上被评估为奢侈品，对年轻一代的福祉 110
不是必需的，并且经常被视为私人事务，应该留给单个家庭自己去处理。

温斯顿帕尔瓦的情况清楚地表明，年轻人课后和工作之余的活动在他们生活中扮演的角色及他们从中获得的满意程度，对他们的福祉和行为，包括在学校和工作中的行为，绝不是无关紧要的。他们在他人的陪伴下，愉悦地和有成效地度过其休闲时间的机会是极其有限的。除了较早的青年俱乐部和童子军以外——这两个组织都只吸引了年轻一代中很少一部分人——没有任何特殊的协会和公共建筑可供年轻人聚会。学校提供了一些运动机会，但是同样非常有限。有一个橄榄球俱乐部在初级中学的操场上练习和比赛，有非常成功的记录。但是由于这所中学从温斯顿帕尔瓦周围的广大地区招生，橄榄球俱乐部的成员主要从“老男孩”中招募，他们中的大多数来自温斯顿帕尔瓦以外。俱乐部在第 1 区和第 2 区享有很高的声誉，德鲁议员有时会提到它，将其作为“村庄”精神的代表，尽管参加其活动的年轻“村民”人数很少。

有一栋建筑对所有人有偿开放，这就是当地的电影院。不奇怪，许多不能或者不愿意待在家里的年轻人，会在电影院内或者周围度过他们的休闲时光。影院节目集中在潜在消费者的最小公分母上。以下从广告中收集的片单显示出所提供的电影类型：

《裸体主义者的天堂》（第一部英国裸体主义者电影）

《如何制造怪兽》

《离家出走的女儿》

《肆无忌惮者》（完全在裸体营拍摄）

《恶棍》

《青春之罪》（你能错过它吗？）

《裸体主义者的故事》（具有令人惊叹的科技色彩）

《养蜂女》

《扼杀者之手》

《少年弗兰肯斯坦》

《吸血鬼之血》

《求偶欲望》（异国他乡的求偶和恋爱习俗）

《肉体是软弱的》

《女妖》（半女半兽）

《不含早餐的住宿》

《鬼洞中的野兽》（巨大的双重恐怖感）

111 观众对这种梦魇和性幻想的混合体很感兴趣，但不会太当真。这伙人的行为再次表明许多年轻人有强烈的冲动，要表达他们对建制社会的规则的蔑视，如果可能，还要挑衅他们的代表。这些电影在夜晚放映时，成群结队的青少年，大多是十几岁的孩子，会进入到温斯顿帕尔瓦，他们不仅来自屋苑，还有从附近村庄，甚至附近镇上来的。如果这部电影有性的主题，任何女性角色第一次出现在屏幕上时，观众席上的男孩子们就会发出各种信号，比如大声喊叫、吹口哨或者跺脚。一些屋苑的孩子在青年俱乐部聚会时说，他们去电影院，部分是为了欣赏电影，部分则是为了享受他们造成的“喧闹”。

一位来自第3区的“喧闹”制造团伙成员描述了在电影院发生的一个小意外，这正说明了这种情况：

> 无事可做，我们最后去了富豪电影院的最后一排。我们一伙人，有戴夫、道格、兰奇和亨利。
>
> 除了兰奇，我们每个人都抽烟、吐烟圈。我们这样做，就是要惹恼其他人。很快，我们看到几乎所有人都转过头表示不屑，还责骂我们。
>
> 然后，当安静下来，我们再次发出噪声，敲打座椅、大声喊叫、吹口哨和玩豌豆射击。突然，“砰”的一声，一个尖锐的声音盖过了其他喧闹声。人们转头看到兰奇四脚朝天倒在地板上，一边呻吟：“想想，我花了两先令得到这个，一部垃圾电影和一把随时会塌的烂椅子。”

这名男孩接着说，影院经理和工作人员晃动着手电筒，威胁如果他们 112
不离开，就叫警察。男孩们于是“列队离开”，经过时尽可能地制造各种声响。

另一个来自屋苑的男孩描述了他如何带女朋友去看电影：

> 我和维拉坐在富豪电影院里，听到身后的一个孩子用粗话评点维拉。我于是站起来，到他面前：“再说一遍，我打破你的

> 头。”“来呀，”那孩子喊，“干啊。”这个男孩低坐在椅子上，我于是重重地敲在他的头上，他大叫。然后经理沃利走过来，问发生了什么事。我告诉了他。他问那个孩子是不是这样。那个孩子说：“是，就是这样。”沃利对我说：“好吧，你做得对，回到你的位子上去。”然后转过头对孩子说：“再说这样的粗话，就把你赶出去。”

电影放映结束后，年轻人会在主街上闲逛。可以看到，极少有回在“村庄”的家的。有几群人朝屋苑方向走，另外几群等回城的巴士。偶尔，那些在“猴子道”（Monkey Walk）上吵架的帮伙之间会发生打斗。1957 年 12 月，一位地方法官在对两名打架的年轻人处以罚款时说：“在温斯顿帕尔瓦，打架很普遍。法官下决心要终止这类事。”证据是，有一次电影院外发生打斗时，叫了警察。警察赶来逮捕了两名主犯，他们是一伙年轻帮派的中心人物。

诸如此类重复出现的场景是冲突状况的外部表现，不仅在温斯顿帕尔瓦，在所有以城市，尤其是大都市为中心的社会，几乎无处不在。它们是这些社会中的建制部分与社会制造的外来者群体（在本个案中，是年轻一代的外来者群体）之间某种连绵不断的特殊游击战的
113 外部表现。在这里，电影院成为青少年群体的集结点。他们所在社会没有为他们提供明确定义的角色，这对他们有很大影响。他们已经部分越过了孩童的角色，但是他们中的很多人还没有适应任何规定的成人角色，部分人可能永远不会适应。

电影院里的人群并不是“反常”（abnormal）年轻人的偶然集合。

它代表了大型都市社会中的一个很平常的现象。它们一次又一次地生产和再生产出不同的人群，有的可以很好地适应建制秩序及它设定的角色，有的不太适应，甚至完全不能适应。许多年轻人站在十字路口。一些人变成了或将成为越轨者，另一些人将学会适应成人的既定规则。但是，只有在警方记录和许多遵纪守法的普通成年人的信念里，越轨者和非越轨者间的分界才是硬性的。将某些年轻人归类为“越轨者”，往往使我们忘记“越轨行为”与“非越轨行为”之间有一些难以分辨的交叠。如果观察孩童和青少年在他们实际社区背景下的行为，会发现许多过渡行为形式。试图仅仅根据个人标准，通过没有社会学诊断支持的心理学诊断来研究、解释和预测越轨者，是不可能可靠的。因为青少年越轨群体不断再生产的条件在于一个社会的结构，尤其是越轨儿童生活和成长的家庭所在社区的结构。

出现在电影院的年轻人中，来自温斯顿帕尔瓦“村庄”的那群人与来自屋苑及更大范围的都市街区的年轻人间的分别，是一个很好的例子，说明工人阶级背景的青少年要解决的问题的社区特征。如果比较一下他们的家庭成长条件，尤其是他们度过休闲时光的条件——一些年轻人成长于有严重问题的屋苑家庭，另一些则成长于其他的屋苑家庭或“村庄”家庭——就能更好地理解他们。

放学后或工作之余，前者通常会在他们的家附近，以小群体的形 114
式，聚在一起一段时间。人们偶尔会看到他们在踢足球。大多数时候，他们会在附近走走站站，看起来好像在等什么发生，又不知道会发生什么。有时会出现矛盾紧张。他们搞了一些事情——打起来、招惹一个女孩子或者制造一些“喧闹”。他们大量的生命力留在体内，无处投放，没有什么可用的方式能带给他们快乐。他们中的大多数人似乎饱受休闲时间饥荒之苦。他们不知道在放学后或者工作之余自己能做什么。他们的情况与广泛持有的观点并不一致，即只需要告诉人们如何工作，而无须告诉他们如何享受。温斯顿帕尔瓦的难管束的年轻人既缺乏机会，也缺乏能力，不能以一种既满足自身需要，同时又被社区中大多数人接受、不会招致他们反感和不快的方式享受生活。

以下是与一个 17 岁男孩的谈话中一个有特色的片段。他来自第 3 区，是开放青年俱乐部的成员。本次谈话的讨论主题是他最近的一次出庭：

> 这个地方真要命。晚上无处可去。他们说可以去青年俱乐部，但是如果你去了他们那儿，教堂俱乐部会把你踢出来。我告诉 A（缓刑监护官），在上次见到他的时候，我说："这里总有麻烦，小伙子们没地方可去。"他说："为什么不自己建立一个俱乐部？"我说："我们没钱，也没地方。只有开放俱乐部，但是一周只有一个晚上。"
>
> 警察不会给你机会，如果他们看到你在街上，就会盯着你，追你。当他们抓我进去时，他们想取我的指纹。他们对我说："把那个烟灰缸递给我。"我说："自己取，我没那么傻。"他们给你烟或其他东西，只是想让你说话。他们想升职，这是他们唯一在乎的。我告诉小伙子们，我说："如果一个警察来抓你，跑，不要停下来和他们说话。"如果他们再次抓到我，他们会把我送走。他们不会给你任何机会。他们总在盯着你。

这些比较狂野的年轻人，即使是那些没有被抓过、被罚款、被送进监 115
狱、被贴上“越轨者”标签的人，似乎也会撞到一所看不见的监狱的墙，他们生活在其中，用他们的能量去惹怒和挑衅所有他们模糊地感到是其看守的人，试图破墙而出，或者向自己证明压迫是真实的。甚至他们去电影院，也不仅仅是为了看电影，而且是想造成“喧闹”。在放映大厅的黑暗中，在影院人群匿名的掩护下，他们可以展示自己对尚未完全同化的社会规则的蔑视，尤其是对抑制他们尚未被驯化的性需求的规则的蔑视，在虚无的、幻想的梦魇中，暂时从社会内部的噩梦中解脱出来。

在“村庄”，年轻人似乎同样饱受休闲时间饥荒之苦。在成长的过程中，他们似乎同样感到“牢房的阴影”向他们逼近。但是有赖于其家庭结构及其社区的整个结构，他们能够更好地应对这种经历。压在年轻人身上的挫折类型，在某种意义上，在两个工人阶级街区是完全不同的。“村庄”中的年轻人所承受的压力可能更严重，更无法逃避。但是这些压力也更稳定、更均匀、更有规律且有更清晰的界定。它们与明确的社会奖赏和可识别的社会—个人目标相联系——奖赏，指他人给予个体的荣誉；目标，指个体按照他们在社会中的位置，从社会提供给他的一系列目标中做出的选择。此外，在像“村庄”这样的社区里，童年和青春期的挫败会从归属感和群体自豪感中得到补偿。“村庄”的年轻人比在屋苑里的更有能力形成一幅图景，明白他在什么位置以及在与他人的关系中的地位排名；更有能力形成一幅图景，明白作为社会空间中的个体，他们的身份；同时他们所形成的这幅图景有更大的情感上的奖赏；它表明他们作为社区成员的价值，他

116 们被教导，这个社区是好的，优于其他社区，他们学会为这个社区自豪。如果他们遵守规则，就能从老一辈的榜样中找到帮助和指导，解决成长中的困难。但他们要付出代价。他们生活的社区被长者和上一代牢牢地统治。在这种情况下，被统治的不是外来者，而是与统治者属于同一群体的受抚养人口。年轻人被老一代的群内感受紧紧包围。休闲时间的安排就是这种代际权力安排的反映。虽然“村庄”为中老年人在工作之余的享乐提供了令人满意的社区机会，但对于年轻人休闲时间的特定需求，则几乎不存在类似的机会。人们似乎想当然地认为，年轻人和他们的父母喜欢的是一样的东西。因此，一方面，年轻的“村民”认同长辈的准则，以此为荣，并像长辈一样瞧不起屋苑的外来者。另一方面，他们没有从教堂和礼拜堂俱乐部、女士音乐派对及许多其他的业余娱乐活动中，获得与长辈相同的乐趣，这些活动只为成年人提供了极大的满足感。这就是他们的困境。大多数年轻人的休闲组织是成人组织的附属机构，由成人委员会按照他们的规范支配。在以成人为中心的、相对空虚的社会休闲生活中，年轻人要为他们从社区相对的高稳定性和安全感中获得的好处，付出代价。

屋苑的年轻人没有同等程度地暴露在老一代的社区控制下，但是他们也缺乏一个牢固的成人控制网络能带来的奖赏——社区的安全和稳定。在很多情况下，稳定由他们的家庭单独提供给年轻人。面对相对而言高度的社区不稳定及很强的地位不安全感，家庭稳定的构型给屋苑的年轻人带来的问题是“村庄”的同龄人无需面对的。

117 对于那些家庭同样不稳定和混乱的屋苑年轻人来说，其所要面对的问题便更加困难。他们不仅缺乏稳定的社区控制——这些控制若被吸收，可以帮助他们控制不被社会接受的冲动——而且缺乏父母为他们设定的稳定的、社会认可的行为举止样板，这些样板可以作为发展他们的自我形象和自身价值的坚实核心。像其他同龄的年轻人一样，他们困惑于“我是谁？”“我作为一个人的价值和地位是什么？”这样的问题。与其他情况一样，答案不仅取决于他们对自己家庭成员的感觉和观察，也取决于街区中其他人对他们家庭及他们自己的感觉和看法。屋苑少数失序家庭的孩童和青少年所处情况的主要特征之一是，他们不得不从一开始就摸索自己的个人身份、个人价值和自豪感，因为他们的家庭成员不仅被“村民”视为外来者，甚至被自己社区内的人视为外来者，有时几乎被视为社会弃儿。在这种类型的家庭长大的年轻人往往很难摆脱他们的外来者地位。毫无疑问，这种地位对他们自我形象的成长、他们的身份感[1]及与他人关系中的自豪感、他们整个人格的发展，都会产生深远的影响。

无论他们可能在家庭中找到什么样的感情，他们都无法在那里找到稳定和安全的样板，可作为与他们自己杂乱无章的冲动做斗争时条理清晰的核心。他们在人生的早期就面临一种令人困惑的境地，他们开始感知到，暗含在他们家庭内部经验中的规则和价值与更大的外部世界的规则和价值的不一致。周围那些有秩序的人（包括警察）的声音和手势，从孩童时期就告诉他们，他们和他们的家庭不受尊重。从他人对他们的家庭、他们同类人的低评价中，他们获得不了多少自豪和方向感。

---

[1] 见附录一。

118 这就是当他们形成自我形象时的聚群状况（constellation）。在很多方面，这是一个负面和自我矛盾的形象。像社会中受教育期和青春期较长的的许多其他青少年一样，他们的自尊依然非常脆弱和不稳定。与其他人一样，他们不确定自己的价值、自己的任务和社会角色，他们不确定别人怎么看他们，他们又该如何看自己。他们在形成牢固的个体依恋关系方面有更大的困难，在高度个体化的社会里，一个男孩和一个女孩间的依恋关系常常是对一个少年的个体价值的首次重大肯定，也是当他从童年时期的家庭群体认同转向作为一个人的自身认同时，他可以找到的自我力量的首次重大登场。在这些更粗鲁的屋苑青少年身上，普遍的青春期焦虑和对自己身份的不安全感，由于他们家庭的不稳定和他们普遍受到的低尊重而加剧了。当他们试图在家庭身份之外开拓和发展自己的身份时，由于他们过去和现在一直是被拒绝的外来者，他们的自尊和自豪感就始终格外脆弱和不平衡。自我的弱点使他们比普通青少年更难面对离开脆弱的家庭庇护后，作为单个的人所生活的世界。由于他们对自己没有信心，习惯了将其排除在外的有序世界和权威代表对他们的蔑视和怀疑，他们试图在他们自己之间形成的临时的友谊联盟中找到帮助和支持。他们发现在同类群体中，更容易面对那个敌视和怀疑他们的人群，对这群人，他们也怀有很大的敌意和怀疑。像他们的家庭一样，这些年轻人生活中的接替者、他们之间形成的帮派，也不是特别稳定。但是，当它们持续时，
119 他们更容易面对这个将他们排除在外的世界。它们充当了其极度脆弱的自尊的解毒剂。在同类群体中，他们可以比一个人时更高看自己，可以满足他们的需求，证明自己有多强大。他们能够在面对自身的怀

疑时——这种怀疑不断地被有序的大多数的态度所强化——发现和肯定自己的价值。对于被排除在建制群体的相互欣赏和肯定之外的年轻人来说，帮派构成了一个草率但速成的相互欣赏的社会。成功的帮派斗殴、成功的突袭，或者在一个好的帮派头目的指挥下对建制权威的挑战，这些似乎都为他们提供了自尊的力量，其他年轻人则在成功的爱情依恋等中找到这种力量。他们中有些人也从短暂的性关系中找到这种力量。但是以这种方式获得的力量是相对短暂的。这常常使他们像以前一样脆弱，对自己没有信心。这些事件虽然带来暂时的满足，但对他们作为人的发展则没什么贡献，不会助他们长大。

自弗洛伊德以来，对青少年性冲动模式和需要的关注是非常公正的。但是除非认识到性冲动的发展是与一个人自我的发展相联系的，而这又与一个人自我和自我形象形成的社会构型相连，否则它所提供的对青少年问题的理解，在理论和实践上，就依然是不完整的。

其他社会环境中的普通年轻人很早就学会了从未来的角度思考自身。对于大多数难管束的屋苑年轻人来说，很难对自己有任何长远的看法。他们比普通的年轻人更多地活在当下和为当下活。这是造成他们和其他年轻人间障碍的另一个差别。他们不理解在障碍的另一边的人的所感、所思和生活方式，后者也不理解这些难管束的年轻人。他们的反应仅仅清楚地表明，对于他们，这些人几乎是“微不足道的人”（nobody）。年轻人本身，像其他人一样，想成为“某种人物” 120
（somebody）。但是他们所知道的向那些视他们为“微不足道”的人展示他们事实上是“某种人物”的唯一方法是完全负面的，就像他们对自己身份的感受一样——是被拒绝的外来者。他们带着一种梦幻般的强烈冲动，以一种游击战的方式，完全无效地反抗着这种拒绝，通过挑衅、干扰、攻击等一切他们所能做的，破坏那个将他们排除在外，且他们完全不能理解为什么会如此的有序世界。他们的感受和行动逻辑似乎是："如果不能爱，那就恨，我们要强迫你们关注我们。"按照这种感受行事，他们帮助再生产了他们努力要摆脱的处境。一次又一次，他们致使周围有序世界的代表视他们为外来者，拒绝他们、蔑视他们。他们陷入一个难以逃脱的恶性循环中。成长于被街区内井然有序之家拒绝的家庭中，被排除在这些有序家庭的亲密关系之外，他们发展出了这种行为倾向，将拒绝和排除的污名贴在了作为个体的自己身上。作为被拒绝的、地位低下的外来者，在同一社会机制的影响下，他们可能将自己的孩子置于同样的道路。

对他们这种行为倾向的研究常常只限于一代内。如果有人关注到代际链条，则通常会假定这些倾向是由于某种生物遗传（biological inheritance）。但更可能的是，它们是由于某种形式的社会学继承（sociological inheritance），本研究的事例就是这样。特定的代际社会继承传导模式，尤其是传导机制（mechanisms of transmission），还没有被充分研究。下面就是一个例子：失序家庭中的父母行为会导致他们被拒绝，在地位等级中被归为下等，这会造成他们孩子的某些行为倾向，进而导致他们在跨出家庭时被社会拒绝。在这个事例中，一代人的特定性格模式及造成这种模式的特定社会构型显示出一种在下一代永续的趋势——致使孩子形成某种性格模式，支持了某种类似的社会构型的延续。

121 当代许多讨论越轨和相关主题的著作似乎都基于一个暗含的假

设：孩童和青少年的违法行为从未像现在这样普遍。如果仅仅依靠相对有限时期的越轨数据，这一假设很可能被现有的统计数据证实。即便如此，还需考虑政策的变化、警力的效率、法庭的态度对提交法庭案件数的影响。如果从长时段的观点看，这一假设与总体证据很难说是一致的。来自工业化早期和相应的城市化阶段的报告，如梅休（Mayhew）对伦敦穷人的研究或阿瑟·莫里森（A. Morrison）的《加戈人的孩子》[1]中的描述和许多其他作品都表明，早期，至少在英国，家庭解体和年轻人的违法行为在产业工人阶级中比今天更普遍，并且这些情况不仅与工业化过程中的正常动荡有关，如为了找工作背井离乡，而且与高失业率和低工资水平的整体情况有关。在整个19世纪，人们习惯于称工业城市中的劳动大众为"穷人"，他们中的大部分确实穷。极有可能，作为使得贫困阶级生活更加高度不稳定和不安全的系列因素的一部分，收入的不规律和低水平导致在那段时间，相比今天而言，有更多的家庭解体和年轻人的犯罪行为。

这不意味着，在当时的产业工人阶级中就没有有序的和良好规管的家庭生活。很多证据表明，在英国，如同在同一发展阶段的其他国家一样，工人阶级中的某些部分，虽然穷，却努力在他们的手段和能力范围之内，过着井然有序和体面的生活，他们紧挨着，住在一起，有时与街区中的其他部分进行拉锯战，后者的家庭生活更加混乱，他
们的孩子完全不尊重法律及那些生活条件较好的人的规则。类似于一 122

[1] 阿瑟·莫里森的小说名是 *A Child of the Jago*。作者笔误写成 *House of the Jago*。——译注

方是“村庄”的工人阶级家庭和屋苑大多数有序的工人阶级家庭，另一方是“声名狼藉”的少数工人阶级家庭，这二者间的紧张关系即便在我们这个时代也绝不是个例。它们可能在过去更常见，虽然在过去，不稳定的、失序的工人阶级家庭可能构成了大多数，其他情况是少数。无论美国和欧洲其他工业国家的情况如何，在英国，在我们这个时代的大型工业城镇中，稳定的、井然有序的工人阶级家庭的比例相对较高，不稳定的、失序的工人阶级家庭的比例则相对较低，这是一个长期发展的结果，这种“文明化过程”，无论还涉及其他什么，肯定与越来越多的工人阶级生活标准的提高不无关系。如果思考这个长期的发展，可能会发现，今天的“问题家庭”、部分失序的工人阶级家庭，是这类家庭几代人不断减少过程的残余——通过某些行为倾向的社会继承形式，这些残余无法摆脱这种恶性循环，即往往在失序家庭的孩子身上一代代地生产出塑造失序家庭的那些倾向。如果家庭解体和家庭生活的紊乱没有被其他社会条件——战乱、失业、大规模的移民，以及被卷入其中时，自愿或非自愿的背井离乡——不断地强化，摆脱这一陷阱的人数应该会大很多。在温斯顿帕尔瓦屋苑的失序家庭就是在过去几代中，数量巨大的失序家庭的一小部分余波。他们的孩子显示出某种传递机制。这些机制表明了，父母被他们的邻居拒绝的条件如何被他们后代的行为持续化和强化。

123 屋苑家庭的大多数尽力与少数家庭保持距离。他们的孩子以父母为榜样，大量休闲时间都在家里。在街上闲逛被认为是那部分吵闹的屋苑年轻人的闲时消遣。屋苑中“体面”的父母，与“村庄”中的父母一样，不喜欢他们的孩子像“声名狼藉”的家庭的年轻人那样行事，不喜欢他们的孩子与之混在一起。开放青年俱乐部曾努力减少这些障碍。但是最初的进展后，很快温斯顿帕尔瓦内社区分裂的力量就充分显现出来。宽泛地说，在开放青年俱乐部内，可以区分出三类年轻人群体，大致对应着社区内的分化："村庄"来的男孩和女孩，他们构成了大多数；还有屋苑来的"体面"的男孩和女孩；以及少数屋苑失序家庭的男孩和女孩。分界线总是很鲜明，尽管若干边缘个体，尤其是来自中间群体的，偶尔会跨过界线，朝哪个方向跨的都有。但是克服群体分隔，使他们靠近、合在一起，实现一定程度的整合的努力，则总是不成功。

来自"村庄"的年轻人如果想保持社区对他们的尊重，必须达到那些硬标准及在某种程度上被他们的长辈拔高的社区规范。德鲁议员在表达"村庄"对很多问题的权威看法时很有天赋，他有一次非常简洁地总结"村庄"对年轻人的看法。他的表述带有很强的对"村庄"现实的规范取向的特征，反映了"村民们"倾向于形成有关自身的略微理想化的图景：

> "年轻人，"他有一次说，"基本上都是好的。如他们擅长田径。他们得到很好的学校成绩。他们在这里受到好的教育。大部分麻烦是屋苑来的年轻人造成的。他们水平不一样，缺乏正派的家庭生活。因此那些有教养的、代表村庄精神的年轻人倾向于远离他们。"

"村庄"的年轻人很难摆脱这种"村庄"信仰的暗示。在诸如此类的陈 124

述中包含的禁令和规定的力量更大，因为它们以事实陈述的面目出现。长辈们的信念，即年轻人基本上是好的，大大地强化了对个体年轻人表现良好的要求，避免他有任何冲动的迹象，去做父母和街坊们知道后会不赞同的事。而“做个好孩子”意味着不像屋苑年轻人据说的那样行事。不仅家庭，还有整个街区及其他处境都对性格形成有强烈影响。年轻人屈从他人的纪律约束及学会自我纪律约束，都与对“群内”（in-group）、“村庄”的自尊和自豪及对“群外”（out-group）、屋苑的蔑视强有力地联系在一起。可以很容易地在其他地方发现这种模式的实例。外部控制和自我控制紧密联系着对群内的自尊、自豪和对外群的蔑视，这一聚群状况可以在许多群体中找到，无论大小。

在开放青年俱乐部，“村庄”和屋苑的年轻人定期碰面，由它提供的经验显示出以上聚群状况在前者中是多么根深蒂固。他们有良好的举止，守纪律，但是一场持续近三年的努力，想促成这两个群体更紧密地融合，几乎毫无成果。在俱乐部中，如果游戏和竞赛有要求，“村庄”的年轻人会与屋苑的年轻人合作。除此之外，他们几乎没有交道。虽然许多屋苑的年轻人一点不比“村庄”年轻人的举止差，但诸如“屋苑的人”“老鼠巷”等坏的群体名声笼罩着他们，即使无人当面用这些字眼。跨过这一看不见的障碍交朋友，会降低一个年轻的“村民”在同伴眼中，甚至他自己眼中的地位。即使在俱乐部的约会模式中，这种隔离也被严格的维持。被看到与屋苑的女孩子出去，意味着会招致“村庄”其他青少年的鄙视，也可能招致父母的训斥。

125 有几个“村庄”中的男孩冒着被斥责的风险，与屋苑的女孩约会，这些女孩子正当妙龄，比其他女孩更性感和容易亲近。通常，她们不会与同一个男孩长期和固定约会，而是在一群男孩子中“转悠”，因此肯定了“村庄”成年人的恶意猜疑。如果开放青年俱乐部没有提供足够的有吸引力的男性供她们选择，可以看到她们在“村庄”的主街上走来走去，直到有人“接走她们”。在这个领域，同样，屋苑人中最离经叛道的部分决定了“村庄”年轻人对屋苑全体年轻人的态度。对于年轻的“村民”，后者作为一个整体扮演了“坏榜样”的角色，在很多社会，这种坏榜样是对领导人希望其群体效仿的“好榜样”不可或缺的补充。

屋苑里总有足够多的年轻人符合这类角色。“村庄”的主街以及在第 2 区和第 3 区间的公园一直被青少年和一些年轻的成年人作为散步的场所，在当地被称为“猴子道”，尤其在夏夜和周末挤满了人。同性的年轻人成群结队地在路上溜达，试图吸引异性的注意。“村庄”的父母们强烈批评一些来自屋苑的男女青少年的夸张打扮。“如果我的孩子穿着这些东西回家，”一位家长指着一件衬有镀金线的蓝色爱德华风格套装说，“不会允许他穿这个。”一个女店主讲述她如何看窗外主街上的女孩：“真是羞耻啊！穿得这么暴露、化这么浓的妆，她们看上去真可怕，看得出来，男人心里都想勾引她们！”女店主又加上一句，她知道这些女孩中有些还在读中学，来自“那边的屋苑”。

因此，通过污名化一个群体为劣等人，鄙视他们是“坏榜样”的代表，就可以将年轻人可能具有的“坏冲动”与社会劣等性联系在一
起。将个体的心理冲突和紧张与社会的冲突和紧张相连。“道德低下” 126

与“社会地位低下”相连，自我控制的丧失与社会归属感和身份的丧失相连，同外来者群体发生联系与恐惧道德污染和一个人自我防御能力的削弱相连。虽然与整个屋苑社区相连的坏名声使得“村庄”的个体年轻人几乎不可能对屋苑人做出区分，意识到有些个体与他们享有共同的标准，有些个体则没有，但可以肯定的是，在公众眼中，总有足够的后种类型的屋苑年轻人，“村庄”道德的卫士会指着他们说，“我告诉过你”，这就是“坏榜样”。

可以看到一群群屋苑的男孩子，年龄在15到19岁之间，走进“野兔和猎犬”酒吧，一起喝酒。年幼些的，有年龄足够大的朋友买来瓶装啤酒和廉价的葡萄酒，一起在街角喝。一些年龄相仿的人会到铁路路堤一侧的公园里参加年纪大些的青少年在那里成群或成对搞的性派对。出于某种“集体荣誉感”，公开谈论它通常是禁忌，但是开放青年俱乐部成员间的悄悄话表明，一些年轻人知道并在他们之间自由地谈论公园里发生的事。他们开始发展出一种属于自己的、在一些重要方面不同于上一代的性观念。父母会反对，两个街区的俱乐部成员则一般都认可男女间的亲吻和爱抚行为。一小部分人尽皆知的屋苑的青少年有完整的性关系。就我们所知，他们的行为与大多数“村庄”年轻人表达出的性道德并不一致。但是俱乐部中那些知道发生了什么、在他们之间谈论这些事的“村庄”成员，按照规矩，不会和成年人说这些事。在这方面，体面的“村庄”成年人在和年轻人就性行为进行交流时存在的词语禁忌产生了另一对应的禁忌，即村庄的年轻人不能公开地和直接地与成年人交流他们观察到的性关系。

127 在他们之间，立场是很明确的。有两个屋苑的女孩是滥交群体中的成员，她们偶尔会去开放青年俱乐部，“村庄”的女孩会对她们视而不见，并在相互之间评点她们。男孩子会更直白些。有一次，一个屋苑的男孩冲一名名叫葛蕾蒂斯的女孩喊：“今晚没有人带你去那里吗，葛蕾德！”另一名女孩还在上中学，有人看到她去“野兔和猎犬”酒吧，一群男孩子会给她买酒喝，然后带她去“堤边”。

一些成年人知道这些事情。一旦俱乐部负责人赢得了年轻人的信任，年轻人便可以与之公开谈论这些，成年人却几乎不可能对一个外人公开谈论这些事情。打破“村庄”内围绕整个性领域的词语禁忌（可能只有男人之间会说这些）有双重障碍：一个是私人的羞耻感，另一个是维护社区理想形象、社区卡里斯玛的象征免于污点的冲动。“村庄”的一位店主隐约提到了“道德败坏”：“就在这里发生，你知道，屋苑人干的，但是还未被发现。”一位屋苑的年轻人说：“他们在公园经常做的那些事，如果你路过，会让你脸红。”大多数的“村民”和屋苑人可能向外来者隐藏他们所知道那些破坏行为准则的事，只与他们亲近的人私下讨论它们。

少数屋苑年轻人的“坏行为”不断加强“村民们”对屋苑的刻板印象，这不限于对性道德的违反。“村庄”中一个标准抱怨针对的是屋
苑“成群的孩子”（swarms of children）的坏行为。有关第 3 区孩子 128
“团伙”（masses）的故事被重复地讲述，他们长大后成了越轨分子或罪犯，破坏了“村庄”“昔日的和平”。

对三个区每个家庭孩子数量的统计表明，第 3 区总人口中 18 岁以下的百分比比其他区要大得多。

表 9　三个区的孩子数

区号	21 岁及以上成年人数	18 岁以下孩子数	18 岁以下孩子数占总人口比重（%）
1	365	91	19.9
2	2039	514	20.1
3	797	379	32.2

如下表所示，屋苑大家庭的数目比“村庄”多。

表 10　有 3 个或 3 个以上孩子的家庭数 [1]

区号	有 3 个或 3 个以上孩子的家庭数	这些家庭中的孩子总数
1	3	9
2	23	86
3	28	107

抱怨“成群的孩子”打扰了“村庄”的和平不是全然不公正的，但
129 是作为生活条件，屋苑孩子的实际数目不是最要紧的。前面已经提到过，那些在街上闲逛，打扰了“村民们”的和平的孩子是来自少数“声名狼藉”的家庭。他们居住在相对狭小的房间里。这些大家庭的孩子无处可去，只能在放学或工作后到街上去。那些试图加入成立较早的青年俱乐部的人很快发现，他们不受欢迎。融入开放青年俱乐部

[1]　表 9、表 10 中数据的意义只在于它们体现了各区之间的差异。由于 18 岁以下和 21 岁以上的人口数之间存在空缺，所以表 9 表头中的绝对数值并无结论性意义。这个空缺当时并不能被准确填补，因为这个年龄群体的数值包括了因服兵役而不在场的年轻男性。

也不是太成功。大多数第 3 区的年轻人一旦意识到“村民”在他们之间设置的障碍，他们便不做什么努力与年轻的“村民”建立亲密接触。他们在屋苑养成了某种矜持，并且似乎很容易地将它运用到与“村庄”年轻人的关系上。但是少数屋苑的年轻人，主要是问题家庭的孩子，有不同的反应。他们喜欢让那些拒绝他们的人难堪。从他们变得相互依存起，在新老街区、建制者和外来者之间的恶性循环和摇摆不定的过程在他们的年轻人的关系上有充分体现。来自被鄙视的屋苑的少数孩童和青少年，被他们“体面”的来自“村庄”的同龄人回避、拒绝、“排挤”，后者比他们的父母更坚决和残酷，因为前者树立的“坏榜样”，威胁到了他们自身对内心难以管束的冲动的防御。并且那些感到被拒绝的年轻人中的少数狂野者，会有意做出坏举止，反击回去。他们知道，通过吵闹、破坏和冒犯，他们能惹恼那些拒绝他们、视他们为社会弃儿的人。这构成了对“坏行为”的额外刺激。他们喜欢做那些他们被指责的事情，以报复那些指责他们的人。

这类年轻人中某些主要由 14 到 18 岁的男孩子组成的群体，“为了取乐”，试图进入一家教堂或礼拜堂的俱乐部。他们会吵着、叫着、
唱着、大笑着走进俱乐部。当俱乐部负责人走近他们时，其中一人会 132
要求加入俱乐部，其余人则站在旁边咧着嘴笑。男孩们事先知道，他们会被问是否同意定期参加教堂礼拜。当这个要求被提出来时，他们会先是不高兴地哼哼，然后大叫着抗议。于是他们通常会被要求离开，尽管在某些情况下，他们会被允许待一晚上，以了解俱乐部生活会提供给他们哪些好处。要求他们必须离开，是这个群体预料到的表演高潮。他们预料到会被要求遵从教堂制定的既有行为标准；他们预

料到会被拒绝，或者只有当他们完全接受“村庄”的标准时，才会被接纳。到了这个阶段，这个群体会吵闹地离开，破口大骂、摔门，然后聚到街上大喊大叫，高唱一会儿歌曲。有时一群人会同意留一晚上，然后踢翻椅子、粗暴对女孩，或者大声地、淫秽地评论俱乐部的活动，以“惹人讨厌”。

在开放青年俱乐部早期，有一群年轻人很擅长做这种表演。“男孩们”（The Boys），如其自称，是6个14到16岁的年轻人组成的团伙，还有一两个同龄的追随者。表11提供了一些相关的数据。

大多数男孩子来自失序家庭，曾因各种犯罪被送上法庭。他们的学校成绩通常很差，智商在平均值以下——这可能是他们对抗学校所属的有序世界的另一个表现，而不一定是其原因，因为学校包含了智力测验。他们对青年俱乐部的突袭是同一模式的一部分。他们有一种强烈的冲动，想激起使他们感到被拒绝的那些人的愤怒和敌意，因为这些人否定了他们，而他们几乎不知道为什么。他们的行为形成了一个恶性循环的一部分：他们生在一个失序家庭，这些家庭被他们所知
133 道的世界的其他部分视为外来者，甚至常常被视为社会弃儿。他们被他们的社区拒绝，因为他们行为不端，行为不端则是因为他们被拒绝。这个帮派本质上是年轻的社会弃儿的一个暂时联盟。他们一次又一次地试图激起那些属于他们被排除在外的世界之人的愤怒和敌意，当期望的高潮来临，被激怒的人攻击和惩罚他们时，他们会陶醉于自己的成功。在研究之初，他们都是当地现代中学毕业班的学生，没有例外，都在成绩最低的“C”和“D”级。经常因为“戏弄”老师、损坏学校财产、打架和说脏话陷入麻烦。这个帮派中的三个人，因为偷第

表 11 “男孩们”帮的成员

姓名	年龄	智商	学校表现	就业	官方越轨记录	居住区	家庭条件	其他
布莱恩	16	70	功课差 经常旷课	苦力 经常换工作	1957 年，偷窃罪缓刑 1958 年，送去少年犯教养院 1961 年，故意伤害罪罚款	第 3 区	很穷。妈妈在酒吧工作。父亲爱打他	不在案的犯罪次数大大高于官方犯罪记录
弗雷德	16	90	功课差 情绪不稳定	机工	1958 年，打架被责令具保 1959 年，打架被罚款 1960 年，毁坏财产被罚款	第 3 区	父亲离家多年，军队服役	帮派头目。比布莱恩更狡猾。不在案的犯罪数高。多次参与帮派斗殴。1961 年结婚
哈里	16	81	功课差 不老实	机工	1959 年，毁坏财产被罚款	1958 年，第 3 区 1959 年，搬到大温斯顿	“声名狼藉”的家庭之一，1959 年迁走	弗雷德的朋友。不在案犯罪高

续表

姓名	年龄	智商	学校表现	就业	官方越轨记录	居住区	家庭条件	其他
约翰尼	16	82	功课差 经常旷课	苦力	1957年，偷窃罪缓刑（与布莱恩一起）	1958年，第3区 1959年，搬到大温斯顿	“声名狼藉”的家庭之一，1959年迁走	1959年卷入帮派斗殴。逃过了警察
肯	15	90	功课差 不稳定	苦力	无	1958年，第3区 1959年，搬到大温斯顿	“声名狼藉”的家庭之一，1959年迁走	1958年被青年干事发现在第2区喝醉 1959年卷入帮派斗殴 1960年在第2区喝醉
泰德	16	70	功课差 听力问题 旷课	苦力	1957年，偷窃罪缓刑（与布莱恩一起）	被英国防止虐待儿童协会从第3区搬到第2区	父亲很暴力	1960年离开温斯顿帕尔瓦
菲尔	16	95	功课中等 学校田径冠军	苦力	1959年，辱骂警察被罚款 1959年，帮派斗殴被罚款	第2区	爱尔兰移民家庭	1960年结婚

2 区商店和别人家里的东西，被判缓刑。

到了晚上，“男孩们”会离开屋苑的家，在第 2 区的主街上汇合。他们会进入任何恰巧开着的青年俱乐部，做尽可能多的恶作剧，直到被迫离开。在他们第一次突袭的数周后，通过闲言碎语的管道，有关这个帮派及他们行为的相当精确的描述已经传到了“村庄”中所有青年俱乐部负责人的耳中。从那时起，他们就经常在俱乐部门口被一位俱乐部负责人堵住，后者告诉他们，如果他们不离开，就会叫警察。

“男孩们”造访开放青年俱乐部时，会被允许进入。在这个阶段，俱乐部依然抱着希望，能对他们有些帮助，同时人们还可以近距离研究他们。下面是通常发生的。他们一来，就紧坐在一起，共有一份报纸或一本杂志，一边笑一边推来搡去，直到报纸或杂志被撕碎。然后他们一群人在俱乐部房间里走来走去，打翻椅子和凳子。领头的弗雷德说：“知道吗？有人要撞倒椅子了？”这伙人大笑，还四处看周围人的反应。哈里是团伙中的“小丑”“傀儡”，有时候，“男孩们”会把他推到一排椅子上，他摊开四肢爬过椅子，然后滑到地板上。泰德在他起身时绊倒他，这伙人再次大笑。泰德喊：“你在那干吗？就不能好 134
好站起来吗？”

在这个阶段，他们的行为通常引起俱乐部其他成员的大量议论。有一段时间，在劝说下，委员会同意不驱逐“男孩们”。这个团伙来过几次后，男孩们熟悉了各个小组的爱好，他们扩大了自己的角色，开始直接干预小组的活动。他们想激怒他人、激起他人的敌意和攻击的冲动，在长期受挫后变得更加强烈了。他们把飞机模型从制作台上推倒，踢翻了一箱为孤儿院制作的玩具，并打碎了其中一些。他们损坏了手工刀，或者用这些刀子破坏椅子和书籍。一天晚上，“男孩们”玩了很久，向哈里举的一块小板子上掷飞镖，直到哈里的手被飞镖划伤。在俱乐部圣诞派对上，“男孩们”对庆祝活动的“贡献”是，“将没吃完的蛋糕压扁在椅子上、涂在墙上，打碎盘子和弄坏两把椅子”。

这伙人没有一个人要跳舞，尽管跳舞是俱乐部最受欢迎和最热闹的一个节目。他们坐着看跳舞，跳舞的女孩用讽刺挖苦保护自己免受这伙人粗鲁评论的影响。但是两个来自屋苑的女孩，布兰达和瓦尔，鼓励“男孩们”，为他们的行动兴奋地尖叫和狂笑，陪着他们离开。这些女孩允许这伙人中的任何一个人“骚扰”她们，还坐在他们的腿上，拂乱他们的头发，从他们的口袋里掏烟，以此来刺激他们。俱乐部委员会的成员抱怨，这伙人在盥洗间里“做无礼的行为”，“正派的俱乐部成员走到那儿，看到他们在干什么，很不好”。

来自“村庄”的青少年对“男孩们”做的事越来越愤怒和厌恶。“村庄”的年轻人也会违反老一辈“村民们”定下的行为准则，但是在某种程度上，就像今天几代人之间经常发生的情况一样，可能他们没
135 有充分意识到，他们之间建立了自己的行为准则。它由形成青年俱乐部委员会更大部分的“村庄”年轻人维护和控制。像其他“村庄”成员一样，委员会成员在青年俱乐部中享受爱抚等温和的性游戏形式。这受到俱乐部舆论的认可，可以很公开地这样做。在某些情况下，它是形成牢固亲密关系的序幕。有两个委员会成员已经订婚了，其他成员也处于“稳定发展中”。父母可能不赞成这类爱抚行为，但是或者无人告诉他们，或者他们闭上眼睛和耳朵，装作不知。

但是，“男孩们”不仅打破了“村庄”成年人的行为准则，也打破

了他们同龄人的准则。在这种情况下，他们的行为不仅带有一种性自由的特征，可能更主要的还是一种示威，一种性自由的展示。这伙人的活动意在表明他们的所作所为超出了其他人接受的性行为限度。他们明显想要震惊其他年轻人，后者的抱怨表明他们做到了。“男孩们”占据了盥洗间，弄出噪声，重新摆放家具，这些举动是一种浅薄的、伪装的攻击，对抗“村庄”中的“势利小人”。两个屋苑来的女孩很快就被俱乐部中的其他女孩冷落了，这之中还包括一个同来自屋苑、住在她们附近的 15 岁女孩。在接下来的几个月里，这两个“轻浮”的屋苑女孩，布兰达和瓦尔，会在俱乐部门口等“男孩们”。整个事件显示出，屋苑的少数成年人与成年“村民们”的紧张关系投射到了年轻一代。这种情况没有持续很久。1960 年，布兰达和她的父母一起离开了温斯顿帕尔瓦；瓦尔那时 17 岁了，宁愿去城里的酒吧找同伴，而不再去“村庄”的青年俱乐部。

一段时间后，“男孩们”改为经常去“野兔和猎犬”酒吧。尽管他们没到法定饮酒年龄，但没过多久，他们就可以在那买啤酒和烈性
酒。最初，他们在去酒吧后，依旧去青年俱乐部，吹嘘他们能喝酒， 136
或者在离开俱乐部时，大声说着并用适当的手势表明，他们要去酒吧“喝点啤酒”。他们发现直接惹恼“村庄”成年人更有趣。他们喜欢聚在“村庄”的主路上，让当地店主和住户看到他们，这些人会痛心地抱怨“男孩们”搞出的噪声、“下流话”和恶作剧。时不时地，这伙人还会成功地挑起街头打斗。他们发展出了做到这一点的技术。因此，一天晚上，“男孩们”在炸鱼薯条店排队的人中推来搡去，撞到了一位附近村庄的年轻人。当他站起来时，菲尔，这伙人中最强壮的成

员，又将他绊倒在地。警察被叫来，但是这伙人“消失”在炸鱼薯条店周围的人群中，没有人因这件事被逮捕。在又一次打斗后，这家店拒绝“男孩们”进入。他们开始从百货商店里买廉价的葡萄酒和啤酒。他们在小巷里、“村庄”的工厂后面，或者铁路路堤旁碰面，常常说服屋苑中的一个女孩加入他们。温斯顿帕尔瓦的青年干事一天晚上从办公室回家时，看到“男孩们”背着肯；他停下车问他们是否需要帮助，“男孩们”狂笑，告诉青年干事，“肯今晚吃得太多了”，他们帮他回家。他们闻起来都喝了很多酒，明显将青年干事的提议作为今晚娱乐的一项附加乐事。

虽然这类事件的社会意义、对于社区生活的重要性相当大，但牵扯其中的年轻人数量很少。粗略估计，这类帮派的人数不到屋苑年轻人的10%，甚至可能不超过5%。有关“来自屋苑的流氓”粗野行为的故事通过“村庄”闲言碎语的管道迅速传播开来，青年俱乐部的活动地就在“村庄”内，俱乐部靠着的主街则是入侵者游荡的地方。“村
137 民们”所看到的支持了他们的旧信念：“那边的”所有年轻人有不同的素质，“缺乏正派的家庭生活”。他们与那些人极少接触，也不想了解他们的真实生活是如何。拒绝性闲聊是他们习惯用来对付那些不符合自己标准的人的社会武器。但是在这种情况下，这是一把失去了锋芒的武器。被拒绝正是这些孩子期待的，来自拒绝他们的人的气恼和愤怒是最让他们痛快的。“村民们”如果和其他屋苑家庭建立共同的目标，可能会更加成功，后者同样是少数害群之马的受害者。他们联手也许能够对屋苑少数失序家庭施行更强大的控制。但是，由于他们倾向从最劣少数的经验中确立一个外来者街区的整体刻板形象，向这个

方向的推进变得不可能。

如前所述，在研究期间，这个少数群体正在消逝中。这个变化的第一个证据是越轨率的变化。

表 12　青少年越轨率（1958—1960）

区号	年	提交法庭的越轨行为	7—16 岁孩童数	越轨率（%）
	1958	—	59	—
1	1959	—	61	—
	1960	—	57	—
	1958	3	388	0.78
2	1959	4	379	1.06
	1960	2	401	0.49
	1958	19	276	6.81
3	1959	3	275	1.09
	1960	2	285	0.70

这些数字总体上相当小。有充分的理由不能确定其重要性。第 3 区 138
越轨率的变化十分怪异。研究开始时，第 3 区被“村民”和大多数当权者普遍认为是某种“越轨行为区”。相关的统计数据似乎也肯定了这个观点。1960 年初，当 1959 年的数字出来后，情况完全改变了。6.81% 的越轨率让位于 1.09%，下一年进一步降到 0.7%。

在法院受审的成年罪犯的数字显示出类似的变化模式。虽然没有仅限于温斯顿帕尔瓦一地的数字，但是县警察局建议可以看一看当地报纸的案件报道，对这些报道的详细研究证明是有帮助的。下表就是基于此的统计。

表 13　报纸报道的成人犯罪数（1958—1960）

区号	年	侵犯财产罪	侵犯人身罪	违反技术规则罪	成年人口
	1958	—	—	—	365
1	1959	—	—	—	351
	1960	1	—	—	359
	1958	3	1	—	2039
2	1959	3	1	3	2062
	1960	2	2	1	2051
	1958	5	8	—	797
3	1959	3	2	—	785
	1960	1	1	2	802

1958 年，有 8 宗被归于第 3 区的犯罪行为是有关人身暴力的。这个数字包括一起自残案件，一对夫妇用毒气双双自杀。8 宗中另一件前面已经提到过了，报纸将它报道为“温斯顿帕尔瓦的斗殴”，用的是
139 “他打碎窗户——打我一拳——一个女孩”之类的标题。所有这些在报纸上和温斯顿帕尔瓦内都引起广泛评论。1958 年的数字表明，青少年越轨行为高度集中在第 3 区与成人犯罪高度集中在这一区是相匹配的。它们支持了莫里斯（T. Morris）的发现，即“成人和青少年犯罪都高度集中在同一地区”。[1] 第 3 区和第 1 区的中产阶级区的数字差异是最大的，后者那一年没有成人和青少年犯罪记录。

与青少年犯罪一样，如果以绝对数字论，1959 年报道的第 3 区成人犯罪数字大致与第 2 区持平，到 1960 年，甚至比第 2 区还低。

---

[1]　T. Morris, *The Criminal Area*, London, Routledge & Kegan Paul, 1957, VI, p. 132.

1960 年也是开展调查的第一年，有 1 名被报道的定罪者来自第 1 区。一个寡妇从一家自助店拿走物品后未付款，被定罪。与青少年的情况一样，可以假定成年人的一些犯罪也有未被发现的。负责包括温斯顿帕尔瓦在内的整个区域的警官，手下只有 12 名男警员和 1 名女警员，作为社区控制的补充。在开放青年俱乐部的谈话亦证明了这一印象，一些犯罪依然“在暗处”。但是这不能解释为什么罪犯的数量下降了。调查的后续几年与调查初年一样，警察保持着高效的监视。这名警官提到，警察通常会“警告”初犯，而不是将他送上法庭，除非是非常严重的案件。这一政策在统计数字变化期间保持不变。1958 年和其他几年的数字是使用同等“警告”之后的结果。

温斯顿帕尔瓦的一些教师和青年工作者倾向于相信有关犯罪的“钟摆”理论。他们的理论是，1958 年是“坏年”和温斯顿帕尔瓦越轨行为发生的高峰。他们相信，随后几年犯罪会有所下降，尤其是在第 3 区。然后“钟摆”会摆回，屋苑的犯罪会再次上升。这就是今天 140
广泛流传的理论，它似乎为一种未被解释的现象提供了一种解释，但并没有真正解释它。即使有事实证据符合这一理论假设，但它依然没有回答为什么犯罪率会以这样一种方式升降的问题。

眼前就有一个非常简单的事实解释。1957 年和 1958 年，议会法案终止了从战前开始就强制施行的租金限制。业主现在可以提高租金。这一法案的一个后果是，屋苑租金从 1957 年 10 月的每周 17 先令 2 便士上升到 1961 年初的每周 24 先令 9 便士。在第 2 区，房子一般会更大些，同期租金变化幅度也更大，从每周的 18 先令涨到每周 35 先令左右。同一时间，在距离第 3 区仅 1 英里的大温斯顿建成了一个大型的公营屋苑（Council Estate）。这些公屋有更大的房间、更好的卧室、独立的浴室，以及温斯顿帕尔瓦屋苑的房子所缺乏的其他设施。屋苑的几个大家庭，包括某些“声名狼藉”的家庭，意识到与其为没有现代设施的小房子支付更高的租金，不如“申请”有更好设施的公屋，他们的家庭规模使他们享有优先权。

D 家庭是 1959 年搬离屋苑的“声名狼藉”的家庭中的一个。这家的父母及五个孩子中的两个都在工厂工作，因此付得起新公屋的租金。在前几年，温斯顿帕尔瓦发现的和未被发现的青少年犯罪中，有相当稳定的比例都是这家的一两个孩子干的。他们搬走后，新租户（一对年轻夫妇，没有孩子）形容房子的条件，“糟糕透了！房屋情况很可怕，臭气熏天，你知道，报纸吊在墙上”。另外一个这样的家庭，S 家庭，同样离开了屋苑，去了大温斯顿的公屋。这个家庭中的
141 两个儿子是帮派的头目。其中一个在缓刑期结束后，仍未改好，从地方现代中学转到了少年犯教养院。这些男孩子在离开温斯顿帕尔瓦屋苑后继续犯罪，但是他们的案件不再包括在温斯顿帕尔瓦的数字中。N 家庭在 1958 年底离开屋苑，搬去大温斯顿。那一年，这家的 16 岁儿子因为作为醉酒团伙的一员，砸坏公交车候车亭的窗户而被罚款。这一犯罪同样不再包括在温斯顿帕尔瓦的数字中。从表 11 可以看出，“男孩们”中有几人属于同一群体；他们的家庭在调查后期搬离了屋苑。根据当时闲言碎语管道传递的信息，屋苑的“房东”向某些家庭施压，让他们离开，以便用更好的租户替代他们。同时，一些有越轨孩子的家庭从屋苑搬到了“村庄”较差的街道上。总的来说，是这些变化——从取消租金限制、租金上涨，到有更好设施、更适宜的租金

的新房子对那些有能力负担的家庭产生吸引力，到屋苑问题家庭数字下降，这一系列事件——合理地解释了表 12 和表 13 显示出的送审犯罪数的下降。

它们同样增加了我们对这一少数群体特征的理解。这些家庭被形容为“问题”家庭或“失序”家庭。这些术语强调的事实是，他们的家庭生活和家庭成员间的关系，低于今天发达的工业社会中所有社会阶层家庭在处理家庭事务方面所应达到的规律和有序的水平。他们在家庭生活的许多方面都低于这一水平，达到这一水平需要许多管理技能和组织能力，尽管人们可能没有意识到这些要求，想当然地以为这是每个人“自然”拥有的天赋。

实际上，行使家庭管理所需要的这些技能，包括管理家庭收入和 142
支出、家庭成员间的紧张和冲突、子女、饮食、健康、舒适、整洁、共享的或非共享的休闲及许多其他方面，绝不是一种天赋，它在很大程度上取决于人们在迈向成年时，从父母、亲戚、邻居及其他熟人处接受或获得的大部分非正式培训。过去，使丈夫和妻子能够按照社区标准管理家庭关系（包括他们之间的关系）的规则和技能的培训，往往是由一个代代相传的、相当精练的传统提供的。但是这种传递规则和技能的方式，只有在孩子的生活条件与父母的没有太大差别的情况下，才能达到其目的。如今，变化的节奏大大加快了。有越来越多的压力要求在有关家庭关系的行为上更有秩序性和规律性，包括公共当局对家庭生活许多方面更密切的潜在监督，以及从许多职业扩散到家庭生活中的对规律和秩序的高要求。这些压力又受到许多来自相反方向压力的反作用，其中一个因素就是，变化的节奏越来越快，父母用于安排家庭生活的许多规则和技能，对于孩子们已不那么有用了。一次次地，在管理他们的家庭关系时，孩子们要面对与他们的父母迥然不同的问题。他们被迫依靠自己的力量，不得不尽其所能地自己处理这些问题。他们从同代人的榜样中能学到的可能与从父辈的榜样中一样多。他们甚至还可能从电影、戏剧、小说和电视中学到一些，在大多数情况下，这种完全非正式的学习可能有相当好的效果。

但是总有一些家庭不能按照既定的规则，管理好他们的家庭关系。在家庭关系的行为上，他们明显低于所在社区流行的整洁和规律的标准。这可能是因为他们不是处于某种家庭传统中，可以从中学到
143 一个有序的家庭生活基本的日常规则。他们年轻时可能缺少私人榜样。可能他们的父母本身也缺少机会和能力，去引领一种通情达理和管理良好的家庭生活。可能在他们年轻的时候，家庭地位的动荡或灾难，或者更大的社会动荡，如战争、失业、疾病及其他前面提到的变故，将其家庭生活抛出了轨道。过去，在城市地区，贫穷和不稳定就业作为长期的生活条件，是工人阶级家庭生活动荡和解体的主要因素。重要的是，在温斯顿帕尔瓦的“问题”家庭中，这些因素——无论是家庭收入少，还是缺乏就业机会——都不再是他们偏离家庭事务管理中公认的整洁标准的直接原因。在大多数情况下，直接原因是父母一代的人格特征。而且，据我们所知，社会继承在这种人格特征的形成中发挥了作用。一些“问题父母”明显是“问题父母”的孩子。从我们掌握的少量信息来看，他们本身就来自某类家庭，这些家庭的家务管理水平低于诸如温斯顿帕尔瓦这样的社区要求的“正常”水平，还经常存在失业和贫穷的问题。他们缺乏一种传统，常常缺乏必要的

知识和自制力，无法按照温斯顿帕尔瓦大多数家庭认可的方式，安排他们的家庭关系。很可能，在他们来自的街区，这种缺陷较少被意识到。可能在那里，他们不会因为这些缺陷而被同等程度地谴责为外来者；可能在那里，家庭生活中较低的秩序水平和家务管理技能会少一些恶名。在温斯顿帕尔瓦的屋苑，与许多其他屋苑一样，来自全国不同地方的家庭有不同的管家标准和模式，这些家庭凑在一起，会使人
更强烈地感受到秩序水平和家务行为的文明化水平的差异。在这里，144
它们具有了新的社会意义。因为屋苑是老社区的一部分，后者在家务行为上有较高的秩序和规律水平，所以习惯于低水平的新来者处于明显不利的地位。在他们的新社区，他们的地位具有许多较低社会阶层的特征。事实上，这群失序家庭被排在温斯顿帕尔瓦地位等级体系的最低层次。他们排名低不是因为比别人穷。他们中的某些家庭可能比一些社会地位较高的家庭有更高的家庭收入。在某些情况下，如果他们更穷，不是因为没有机会赚到与其他家庭同样的钱，更大的原因是他们没有能力管好自己的事或者保持一份工作。从表面上看，在某些情况下，他们的职业性质可能是他们地位低下的一个原因。在这些家庭中，有几位父亲是苦力。但是也有其他一些苦力，他们过着与大多数人一样井井有条的家庭生活，在地位阶梯上，他们绝不在那些“声名狼藉”的家庭之列，没有被当作地位最低群体的成员。这种排名几乎可以肯定主要不是按照通常所谓的“经济”差异，而是由于这些家庭的成员不能或者不愿意在其私人行为和管理家务的行为上，符合大多数人视为规范的标准。

正如人们看到的，这种排名几乎是自动地从父母扩展到孩子，并

影响到后者的人格发展，尤其是他们的自我形象和自尊。年轻一代在他们之间，以他们的方式，建立和维持如其父辈一样的社会分隔，有时甚至更严格。由于父母对温斯顿帕尔瓦家庭不同排名的意识，以及对他们自身在地位等级体系中的位置的意识，这种意识以各种方式，包括语言、手势、说话的口吻，传达给他们的孩子，帮助他们从早期开始就塑造他们的自身意识，所以这在孩子们中创造出了更强的不同工人阶级街区间的障碍——这些障碍太根深蒂固了，短期的接触，如
145 青年俱乐部提供的接触机会，不能产生转向。人们可以非常清楚地看到，对自己在他人眼中地位的意识深深地沉没于孩子们的自我意识。“村庄”年轻人对自己地位群体的自豪感及相应的对屋苑较低地位群体的蔑视，尤其是对地位最低群体，即“坏榜样”、“声名狼藉”的家庭及其后代的蔑视，对应着的是“低地位”年轻人的粗鲁和混乱行为，后者从早年开始就被这些拒绝和蔑视所激怒，转而对那些拒绝和蔑视他们的人进行挑衅和骚扰，这种对前者生活秩序的持续威胁，可以想见又会引起更大的愤怒。

在很多方面，建制者和外来者的态度和观念是相辅相成的，它们不可避免地被锁死在他们街区的相互依存中，有一种不断自我复制和相互复制的趋势。

第九章　结论 146

研究一个社区，会面对非常多的、各种各样的问题。我们要回答的是，对于理解什么给予这群人以社区的特征，这些问题是否同样重要。

可以将一个社区的问题分成若干类，然后逐一进行研究。可以区分一个社区的经济、历史、政治、宗教、行政和其他方面，可以单独研究每个方面，并在结论中尽可能指出这些方面是如何相互联系的。

不过，我们也可以反其道而行之，转而问是什么将经济、历史、政治及其他方面的数据作为社区的方方面面联系在一起。换句话说，一个社区的特定社区方面（community aspects of a community）是什么。乍一看，这类问题的答案非常简单，或者很明显。显然，社区指的是以居住地点为单位组织起来的人们之间的关系网络。人们在做生意、工作、做礼拜或玩耍时也会建立关系，这些关系可能是高度专业化和组织化的，也可能不是。但是，当人们生活在同一个地方，在同一个地方安家时，人们同样会建立关系。家园是他们吃、睡和照顾家庭的地方，作为家园的创造者，他们之间所建立的相互依存是一种特定的社区相互依存。社区从本质上讲是家园创造者的组织，居住单位可以是城市街区、村庄、小村庄（hamlets）、楼群、团体帐篷等。147 很难想象没有妇女和孩子的社区，尽管可以有几乎没有男性的社区。战俘营可以被视为一种替代社区。

在我们这个时代，家常常与人们谋生的地方分开，在过去则常常不是这样。但是，无论是专门化的还是非专门化的，以创造家园的家庭为核心的社会单位都会提出特定的社会学问题。这就是通常所谓的“社区问题”。无人居住的工作区，工作日里到处是没有家庭的人，周末空无一人，提出了不同的问题。不同构型的家庭，如度假家庭群，也是如此。如果有人认为妥当，也可以把这些群体称为“社区”。这个词本身不重要，重要的是认识到，在具有一定持久性的、创造家园的家庭居住群中发现的相互依存的类型、结构和功能类型，提出了它们自身的某些问题，这些问题的澄清对于理解**社区之为社区**的特性是至关重要的。

其中的核心问题之一是，在这样一个由家庭组成的社区网络中，赋予单个家庭的价值是如何区分的。不变的是，在一个社区中，某些家庭或者某些家庭群体，通过街区内的无形纽带与其他家庭联系在一起，会自以为及被他人认为是“更好的”，或者“略差些”“不那么好”“不值得一提”等。在学术上，我们称这种情况是家庭“排名次序”，或者一个社区的“地位次序”。作为近似值，这个概念化是有用的。但是它并没有太清楚地说明这些区别在每个社区生活中所起的核心作用，没有说明其广泛的功能性影响、有关人员丰富的个人联系，以及内含在这些区别中的紧张。

有些影响已经被指出了。正如我们看到的，温斯顿帕尔瓦的“家庭排名”在社区生活的每个部分都发挥着核心作用。它对宗教和政治协会的成员资格有影响，在酒吧和俱乐部的人群分组中也发挥着作用，它影响了青少年的分群，并且渗透到学校中。事实上，“家庭排名”和“地位次序”这些表述对于我们所观察到的情况而言还是太狭窄了，它使我们很容易忘记，较高的地位需要较高的权力资源及可以传承的行为和信念特质来维持，并且人们经常需要为之奋斗；它使我们忘记，较低的地位，坦率地说，会与屈辱和苦难相伴。地位和排名的差异常常被当作事实来展示，但很少得到解释。在温斯顿帕尔瓦，我们可以清楚地看到它们是如何产生的，以及它们在人们的生活中扮演了怎样的角色。 148

近距离看，本研究呈现的是一个工业都市区域发展过程中的一段经历。这种发展免不了摩擦和动荡。那些已经在该地区定居下来并且处于有利条件的人，有时间从他们民族传统的主流中发展出一套相当固定的社区生活，一种他们自己的教区传统。他们面临着这样一个事实，即更多的人来到附近定居，这些人的观念、举止和信仰在某种程度上与他们圈子里所习惯和重视的观念、举止和信仰不同。不能排除这种可能性，即最初当新房子在他们街区建好时，早定居的工人们可能会觉得新来的人是潜在的就业竞争者，并因此不喜欢他们。如果是这样的话，在研究期间，这种感受的所有具体痕迹都已消失。战争期间，最大的一批新工人和他们工作的工厂一起到来，总的来说，该地区的工业和就业机会都在扩大。

新老住户间的紧张是一种特殊的矛盾。老住户的核心是对他们之间演变出的标准、规范和生活方式赋予很高价值。这些紧密联系着他

149 们的自尊以及他们认为他人应该给予他们的尊重。多年来，他们中的一些人变富了，社会地位提高了。粗略地说，英格兰的人口可以分为住排屋的（底层没有“厅”，上层有一个很小的“厅”）、住半独立式房屋的，以及住内部分成多个房间的独立式房屋的。在温斯顿帕尔瓦，一直有稳定的少部分人从排屋式的工人阶层进入以半独立式住宅为象征的、条件适中的中产阶层，他们与大规模工业管理阶层或大企业的所有者及重要的专业人士们的世界依然相距甚远，这些人的代表住在两侧完全独立的住宅中。这些崛起的少数人中的一些人在老社区有非常大的权力，按照公共社区价值，是大多数老定居者的骄傲。

定居屋苑的新来者被视为对这种秩序的威胁，不是因为他们有意要破坏它，而是因为他们的行为使老住户感到与他们的任何密切接触都会降低自己的地位，将其拖到在他们自己及更大世界的评价中较低的地位层级上，这会损害其街区的声望及与之相伴的所有自豪和满足感。在这个意义上，新来者被老住户视为威胁。在一个充满地位焦虑的流动的社会秩序中，人们通常会对任何可能危及自身地位的事情都极为敏感，他们因此立即注意到新来者的许多行为都冒犯了他们的感情和感受，这些行为在他们看来是低等的标志。闲言碎语很快就盯上任何能使新来者形象糟糕，并肯定他们自己在道德和举止上的优越、他们的体面、他们自称的更高的社会地位及现存的社会秩序的内容。

“老”被视为一种巨大的社会资产，作为一种自豪和满足感的来源，可以在许多不同的社会环境中观察到。对温斯顿帕尔瓦“老”和“新”家庭间关系的研究可能会为为什么“居住时间”和“家庭年龄”
150 会对人与人的关系有深刻影响这一问题，找到某种求解之道。它在此处可能特别有帮助，因为“老”与过去或现在的财富并不相关。在通常与“老”和“新”结合在一起的许多其他方面，温斯顿帕尔瓦的两个群体几乎平等，这一事实使得，在财富优势、军事优势、知识优势等其他方面同样存在时很容易被忽视的“老”群体可用的一些权力资源能够被揭示。

在这种背景下，正如人们看到的，“老”一词不仅仅指一个街区相比另一个存在时间更长。它指的是一种特定的社会构型，人们可以在不留下太多不确定性空间的情况下将它呈现出来。事实上，可以将它作为一个一般模型，一个此类构型的模板。以这种形式进行总结，便可以将它与其他类似的构型比较。它会有助于阐释新证据，同时被新证据阐释，或在必要时被修正或者废弃，以便用更好的模型替代它。

如果“老”用来指在某地定居了至少两代或三代的家庭，它就与用来指单个人的“老”有不同的含义。这里的“老”没有生物学上的意义，虽然有时人们会赋予它伪生物学的意涵，暗示“老家庭”如老人一样，是腐朽的或正在衰落的。从严格的科学用语方面说，“老”在这里是一个纯粹社会学范畴，所指的是一个社会学问题，不是生物学问题。一个老群体不必是一个老人们组成的群体。

当我们说一些家庭是“老”家庭时，就将他们与缺少这种品质的其他家庭区分开来了。恰恰是这种对比的构型及它的特定地位差异和紧张，使得“老”这个词的用法具有了特定的社会色彩。在生物学意义上，地球上所有的家庭都是同样古老的，他们都源于猿类祖先的
“家庭”，或者有人可能会愿意说，他们都源于亚当和夏娃。在其社 151

会语境中，“老家庭”一词中的“老”表达的是对社会差别和优等感的声称，具有规范性的意涵。那些称自己所属家庭圈子为“老”的家庭，会规管其成员——虽不必然是全部成员——的行为，使其从他人中脱颖而出。他们按照共同的区别准则打造其行为。他们之中也可能出现害群之马，但是不出预料，这类家庭会反对他们，甚至将这些人赶出门。如果不这样，他们就会被认为处于衰落中，这不是任何生理意义上的变化，而是因为他们无法在自己的社会骨干群体中及同样地在其余人中，保持“老家庭”所期望的更高的标准和义务。

这些标准的发展紧密联系着骨干群体本身的发展。它需要一个环境，使得家庭得以有机会在几代人中不间断地传递这些与众不同的标准。传递这些标准的机会有赖于其他一些机会，尽管它们各有特色，但是在不同的社会间只有很小的变化。与众不同的标准的传递通常伴随着某种财产的传递，包括在同一家庭内代代相传的职位或技能。无论在这些情况下社会继承的特殊形式是什么，所有这些传递都有一个共同点，即它们代表了一些可继承的向他人施加权力的机会，后者作为一个群体，则被限制接近这些机会，甚至被排除在外。最后，只有当家庭群体有机会将他们作为一个群体在相当大程度上垄断的权力资源，一代代传递下去，同时将其他群体相应地排除在外，“老家庭”网络才能发展起来。在很多情况下，未经他们的同意，任何不属于这个垄断持有者圈子的人都不能进来。因为某种垄断形式是他们作为“老家庭”群体一代代持续区分的源泉和条件，只有当他们有足够的权力保持这种垄断，他们才可以继续这样存在下去。

152 在很长一段时间里，只有当家庭群体跨越了没有或几乎没有财产可传递的低阶层时，社会学考察才会关注到他们的“老”的属性。但温斯顿帕尔瓦的“村庄”似乎表明，财产不是社会学意义上的“老”必不可少的条件。以土地继承为基础的老农民家庭在过去当然是众所周知了。老工匠家庭也是如此，他们的“老”是以对特定技能的垄断传承为基础的。“老”工人阶级家庭似乎是我们这个时代的特征。他们是怪胎还是前兆，还有待观察。因为在他们的事例中，社会学意义上的“老”与财产继承没有明显联系，与在其他情况下通常会发现的某些其他权力条件也没有什么关系，在其他情况下不显眼的，则在它们的事例中清晰地凸显出来，尤其是垄断地方机构的关键职位、更大的凝聚力和团结性、更统一和详尽的规范和信仰，以及相伴随的、来自内部和外部的更严格的纪律——这一切所带来的权力。更大的凝聚力、团结性、规范的统一和自我纪律有助于维持垄断，垄断反过来又有助于强化这些群体特征。因此“老群体”有持续的机会脱颖而出。他们成功地声称比其他相互依存的社会构成有更高的社会地位，并从中获得满足。与此并生而行的是人格结构的特定差异，这种差异随着不同的情况，在“老家庭”网络的持续上，发挥着积极或消极的作用。

这事实上是“老家庭”的一个普遍特征：他们以某种特有的行为从其他家庭中脱颖而出，并且从其成员小时，就按照这个群体的区分传统，将他培养得具有这种特征。“老家庭”的圈子通常有一套行为准则，无论在特定还是所有情况下，都要求比地位较低的相互依存群体有更高程度的自我约束。他们可能达到了，也可能未达到当代欧洲意义上的“文明化”（civilised）水平，但是相比那些他们声称

地位劣于自己的人，在现代世界的事实意义上，他们通常是更“文明
153 化的”。[1] 在某些或所有方面，他们的准则要求更高程度的自我约束；它规定了一个更有力的管制行为，无论是在所有场合还是特定情形，这都与更高的深谋远虑、更强的自我约束和更文雅的举止紧密相连，并且充满更多精细的禁忌。稳固建制的“老家庭”聚丛与不“属于”他们的家庭间的关系，与其他地位较高和地位较低的群体一样，往往以自我约束的递减梯度为标志。在文明化过程的阶梯上，较高的社会构成通常比低于自己的社会构成高出好几级。相对更严格的道德只是社会诱导的自我约束形式中的一种。更好的举止是另外一种形式。它们都增加了一个优势群体肯定和维持其权力和优等性的机会。在一个适当的构型中，文明化的差距可以是创造和维续权力差距的一个重要因素，尽管在极端的情况下，它有可能削弱“老的”强势群体发展到一个更加文明化的状态，并可能导致他们垮台。

在一个相对稳定的环境中，更清晰的行为准则和更高程度的自我约束通常与更高程度的有序性、谨慎、深思熟虑和群体凝聚力相关联。它提供了地位和权力的奖赏，以补偿约束导致的挫折和自发性的相对丧失。共享的禁忌、迥然有别的约束，加强了“更好家庭”网络内部的纽带。遵守共同准则为其成员提供了社会徽章。它增强了在与“劣等”人交往时相互的归属感，在“优等”人要求进行约束的情况下，“劣等”人往往表现得不那么受约束。“劣等”人很容易打破禁忌，

[1] N. Elias, *Über den Prozess der Zivilisation*, Basle, Haus Zum Falken, 1939, Vol. II, p. 163.

“优等”人则从小就被训练要遵守禁忌。因此，打破禁忌是社会劣等的标志。“劣等”人往往深深地触犯了“优等”人的品味、礼节和道德感，换句话说，触犯了他们根深蒂固的情感和价值观。随着情况不 154
同，“劣等”群体在“优等”群体中激起愤怒、敌意、厌恶或蔑视，遵从同一准则会便利沟通，打破准则则会创造障碍。

因此，属于“老家庭”圈子的人有共同的准则和特定的情感纽带；在所有差异的背后是某种感受力的统一。在这方面，如人们常说的，相比于对外来者，他们对彼此的立场和期待就是“发自本能地”了解得更多。此外，在“老家庭”圈子，人们通常知道他们言谈中提到的人。归根到底，这就是称家庭“老”时意味着的东西；它意味着在居住的地方，大家都认识这些家庭，并且几代人间都彼此认识；它意味着，属于“老家庭”的人不仅如其他人一样，有他们的父母、祖父母、曾祖父母，而且他们的父母、祖父母、曾祖父母，在他们的社区中、他们自身的社会骨干群体中，也都被大家认识，并且大体而言，他们是有好名声的人，遵守该阶层既有的社会准则。

因此，虽然从表面上看，“老”像是一个单个家庭的属性，但实际上它是一个家庭网络的属性，一个社会构成的属性。在其中的男男女女及他们的孩子们，按照被我们称为“家庭”的社会规管的血统秩序，数代相识，以某种与他人迥然有别的方式，按照一定的共享标准生活在一起。在这个意义上，“老家庭”从不会单个形成，他们总是作为家庭网络成堆成群地出现，有其内部的地位等级，通常内部通婚率很高，可以是街区、包含贵族和皇室的宫廷“社会”及许多其他形式。在这种情况下，与其他情况一样，家庭结构取决于特定社会群体的结构。除非作为已经消失的社会骨干群体的残余，否则一个“老家庭”不能单独存在。它只能在特定的社会情况下，与同类一起作为一种特定的社会构成而形成。

155 “老家庭”彼此认识，彼此间有很强的纽带，但是这不意味着他们必然喜欢彼此。只有在与外来者的关系上，他们倾向于站在一起。在内部，他们可能，并且几乎无一例外地，会根据情况进行温和的或疯狂的竞争，并且往往根据传统，由衷地厌恶甚至憎恨对方。几代人熟识所产生的熟悉感、长期共同群体经验所产生的亲密感，使他们之间的关系具有特定的品质，无论是否喜欢对方，这些品质都相伴随。无论如何，他们都排斥外来者。在每个“老家庭”圈子里，都有大量共同的家庭传说，随着每一代的到来和离去不断丰富。就像共同传统的其他方面一样，它创造了一种亲密感——即使是在彼此不喜欢的人之间——这是新来者无法分享的。

因此，社会学意义上的“老”指的是具有自身属性的社会关系。它们会赋予敌意和友谊一种特殊的味道。它们往往会产生一种明显的排他性情绪（如果不是态度的话），一种对与自己具有相同感受力的人的偏爱，从而加强了抵御外来者的共同阵线。虽然个体成员可能会离开，甚至反对群体，但几代人的亲密熟悉使“老”群体在一段时间内具有其他不太“老”的群体所缺乏的一种凝聚力。这种凝聚力源于人们记忆中的共同历史；人们具有声称并在一定时间内维持相对于其他群体更优等的权力和地位的机会，而在这一机会构型中，这种凝聚力构成了另一个强有力的因素。没有这些权力，对更高地位和特定卡里斯玛的声称就会很快衰落，听起来空洞无物。拒绝性闲聊、冷落技术、“偏见”和“歧视”等手段就会很快失去其锋芒，其他用来保护他们的优等地位和区别的多样武器也是如此。

因此，在温斯顿帕尔瓦所发现的构型，以一种凝缩模型的形式清楚地显示了对更大领域的可能意涵。我们的任务不是要褒贬，而是帮 156
助人们更好地理解及解释在温斯顿帕尔瓦两个群体间的相互依存，他们陷入了一个并非由其创造的构型中，这一构型在他们之间造成了特定的紧张和冲突。紧张的产生不是因为一方是邪恶或专横的，另一方不是。紧张内在于这一模式中，由双方共同造成。如果一个人问“村民”，他们很可能会说不想家门口有片屋苑；如果问屋苑人，他们会说宁愿不在“村庄”这样较老的街区旁定居下来。一旦他们在一起，就会陷入一种双方都无法控制的冲突处境，如果我们想在其他类似情况下做得更好，就必须理解这一点。“村民”很自然地用他们对待自己社区中偏离者的态度对待新来者。移民一方则很天真，在新的定居地，依然以于他们而言是自然的行为举止行事。他们没有意识到在老城区，存在着一种建制的秩序（established order），其中有权力分化，一个核心的、领头的家庭群体居于一个根深蒂固的地位。他们中的大多数人根本不理解为什么老住户对他们嗤之以鼻，与他们保持距离。但是他们所处的地位较低群体的角色，以及对所有在屋苑定居的人不加区分的歧视，肯定很早就使他们放弃了与老群体建立更密切的联系的努力。双方都在没有深思熟虑、没有反思的情形下行动。仅仅因为成了相互依存的邻居，他们被抛入了一种对立的境地，不能理解发生了什么，几乎可以肯定也不知道他们有什么错。

如前所述，这是一场小规模的冲突，在工业化进程中并不罕见。

如果放眼更大的世界，会注意到许多类似的构型，尽管它们常常被归类在不同的标题下。当代社会发展的大趋势似乎越来越频繁地导致这
157 种情况。社会学意义上的“老”群体和“新”群体间的差异今天可以在世界的许多地方找到。如果可以用这个词的话，它们是这个时代的常规差异（normal differences）。在这个时代，人们可以在比以往任何时候都更加舒适的条件下，以更低的价格、更快的速度、更远的距离，带着他们的物品从一个地方旅行到另一个地方，可以在其出生地以外的许多地方谋生。在世界各地，我们都可以发现同一基本构型的变体，新来者、移民、外国人与老住户群体不期而遇。虽然在细节上有所不同，但这些社会流动的移徙方面所造成的问题有一定的家族相似性。人们可能倾向于首先关注差异。在对具体案例的研究中，这些差异似乎总是更加明显。在想象一个具体片段，如形成本研究主题的事件，与现代社会整个发展的关系上，人们往往会迟疑。人们更习惯于将与它们联系的问题视为众多的地方性社会问题，而非一个社会学问题。社会流动的移徙方面就是一个例子。有时人们仅仅看到它们的地理方面，似乎发生的一切是人们从一个地方搬到另一个地方。但在现实中，他们总是从一个社会群体移动到另一个社会群体。他们总要不得不与已存在的群体建立新的关系。他们要习惯新来者的角色，寻求进入或者被动进入与有自身传统的建制群体的相互依存，要应对这个新角色的特定问题。通常，他们被更强大的建制群体置于外来者的角色，这些群体有不同于他们的标准、信仰、感受力和举止。

如果移民有不同的肤色及其他不同于老住户的遗传性生理特征，则与更老街区的居民的关系及他们自己街区的构成所产生的问题会

在“种族问题”的标题下讨论。如果新来者是同一“种族”，但是有不
同的语言和民族传统，他们与老住户关系的问题会被归类到“少数族
群”问题。如果新来者既非不同的“种族”，也非不同的“少数族群”， 158
仅仅是不同的“社会阶级”，社会流动的问题会被放在“阶级问题”中讨论，更经常地，只被当作狭义的“社会流动”问题。没有现成的标签可以贴在温斯顿帕尔瓦的缩影中出现的问题上，因为在那里新来者和老住户既非不同的“种族”，也非不同的“族群血统”（除了一个例外）或不同的“社会阶级”。但是在温斯顿帕尔瓦，建制者和外来者群体遭遇所产生的一些基本问题与在其他地方类似遭遇所能观察到的问题没有太大差异，尽管它们经常被放在不同的标题下研究和概念化。

在所有这些情况中，新来者一心想提高自己的地位，建制群体则一心想维持他们的地位。新来者憎恨并经常试图摆脱赋予他们的劣等地位，建制者则努力维持新来者似乎威胁到的优等地位。新来者被建制者视为外来者，“不知道自己位置的人”；在建制者眼中，新来者的行为举止明显带有社会劣等的烙印，这冒犯了他们的情感和感受；然而，在很多情况下，至少在一段时间内，新来者天真地倾向于表现得好像他们是与新邻居平等的人。后者亮出旗帜：他们为自己的优等性、地位和权力、标准和信仰而战，在这种情况下，他们几乎到处都使用同样的武器，包括羞辱性闲聊（humiliating gossip）、根据对整个群体中最差部分的观察而得到的对整个群体的污名化信念、侮辱性的暗语，以及尽可能将他们排除出所有权力机会——简言之，通常放在“偏见”和“歧视”等标题下的、从这一构型中抽象出的特征。由于

建制者通常具有更强的整合能力，并且一般来说更有权势，他们能够通过相互诱导和排斥怀疑者，为他们的信仰提供非常强大的支持。他
159 们甚至常常会诱导外来者接受一种以“最劣的少数”为样本的他们自身的形象，以及以“最优的少数”为样本的建制者的形象，这些都是一种情感上的以偏概全。他们常常强加给新来者一种信念：后者不仅在权力上低等，而且在“天性上”也不如建制群体。社会劣等群体将优等群体的贬低信念内化为自身良知和自我形象的一部分，这有力地强化了建制群体的优等性和统治地位。

此外，建制群体的成员，或许还有新来者，和今天的大多数人一样，都是在特定的、僵化的观念和行为模式下被培养出来的；他们经常被培养出这样一种信念，即每个人的感觉和行为在本质上都是，或者应该是，与他们一样的。他们很可能还没有准备好应对新来者和老住户遭遇所产生的问题，因为老住户有不同的感觉和行为，并且对新来者的行为做出负面回应。简而言之，他们并没有为一个社会流动不断增强的世界所带来的问题做好准备，他们一直是为一个过去的时代准备，在那个时代，更广义的社会流动机会是不那么丰富的。总的来说，如果必须与那些迥异于自己的人共同生活和亲密接触，对不同行为和信念的容忍门槛还非常低。这似乎与当时的社会条件相适应，在当时的社会条件下，大多数人可能一辈子都与原住群体一起生活，较少受到如“村民们”经历的冲击——要与异类的人长期相互依存。

这种情况一定程度反映在当前社会学处理此类问题的方法中。这些方法或许更适合社会发展的前几个阶段。这些方法常常受一个暗含的假设的强烈影响，即“稳定的”或“不流动”的社区是正常的、令人

向往的社区形式，其他高度流动的社区是反常的和不受欢迎的。当前不少流行的社会学概念，似乎都认为最接近最正常、最令人向往的社会形式的是一些想象中的前工业村庄：在那里，人们的生活似乎具有高度的凝聚力和稳定性，他们完全适应环境，充分地整合，因此享受高度的幸福和满足。工业化、城市化和类似的进程，以及它们带来的更高的流动性、加快的生活节奏，似乎改变了那种幸福状态。面对高度流动和快速变化的世界所带来的困难，人们很容易想在一个从未变化的社会秩序的想象中寻求庇护，并将其投射到一个从未存在过的过去。当前的调整（adjustment）概念本身就暗含着对一个不变的、稳定的、平衡的、整合的和有凝聚力的社会秩序的假设，人们可以对其进行调整，而在迅速变迁、不再稳定的20世纪的社会，这个概念似乎有些不合时宜了。它看起来本身就像是一种理智上的不适症的症状（symptom of an intellectual maladjustment）。或许，随着时间的推移，诸如“村庄”和屋苑这样的经验调研，会有助于形成一幅更现实的图景。前者代表了一个有更多凝聚力的社区类型，后者则代表了一个有更少凝聚力的类型。如我们看到的，二者有各自的困难和缺陷。 160

高水平和多样的社会流动是工业社会的常规特征，与之相适应的社会流动概念还未形成。目前的社会流动概念虽然有用，但只关注社会流动的一个方面，即人们从一个社会阶级向另一个社会阶级的运动。如果把社会流动的这个方面称为阶级流动，可能会减少误解。人们常常轻易地将在同一国家内或不同国家之间，从一个街区、一个社区迁移到另一个社区而不必然有一个阶级向另一个阶级流动的人视为社会流动人口。事实上，从一个阶级流动到另一个阶级的人几乎无

一例外地也从一个社区、一个街区、一个社会圈子流动到另一个社
161 区、街区和社会圈子；至少在一段时间内，他们是以新来者，并且常常是外来者的角色出现在一个建制区的门口。无论在同一阶级内还是不同阶级间流动，社会流动的某些基本特征都会重复出现。这些特征在那些高度孤立的中产阶级家庭中可能不那么明显，他们的礼仪、情绪、举止和习惯，至少在同一个国家内，往往较少有地方色彩和差异，他们还更习惯于一种特定的、相对松散，但是高度规管的街区关系形式。在工人阶级家庭中，这些特征更明显。他们通常彼此之间不那么孤立，更习惯于，也更需要当地人的陪伴和邻里的接触。“村庄”和屋苑的关系显示出各地社会流动增加所造成的具有这些特征的问题。在“偏见”标题下广泛讨论的问题就是其中之一。温斯顿帕尔瓦的新旧工人阶级社区之间的关系表明，在当地社会环境下所产生的偏见，是建制群体社会信仰的常规方面，以反对外来者的攻击，捍卫自己的地位和权力。今天人们更习惯于孤立地研究和概念化“偏见”。偏见发生的构型常常被认为只是“背景”。在这里，它是一个特定构型不可或缺的要素。这一差别可能有助于澄清“构型的方法”（configurational approach）意味着什么。它揭示了目前大多数偏见研究方法未经审查的选择性和评估，它们的关注局限于（未说明为什么）扭曲的信念、带有强烈情感的闲言碎语内容，以及更强势的社会构成的感知，这些被用来压制或抵御与之相互依存生活在一起的较弱势的社会构成。人们极少讨论相对无权无势的群体有关建制群体的形象中包含的扭曲和非现实的感知，也几乎从不把它视为“偏见”，只要他们在权力和地位上依然处于劣势；虽然当他们权力、地位上升

时，人们会开始将他们的信念归为“偏见”。因为只要社会骨干是相对较弱的，他们反对建制者的“偏见”就不会产生刺痛感。他们也不能反过来将其变为歧视性行动，除了采取越轨、破坏他人财产或其他违反建制法律的形式。尤其是在年轻人中间，这些行为可能是那些受冷遇、被排斥、自尊受到伤害的群体成员唯一可以回应建制群体的手段。以上对“偏见”的说明也适用于“越轨”。它适用于其他很多主题，研究者在着手研究它们时，常常将它们归在一个单独的标题下，好像它们事实上是作为一组独立的对象存在着。 162

在这一背景下，另一个值得提到的例子是被归在“失范”标题下的问题。可以看到，新来者和外来者群体是最有可能受到这种状况困扰的群体。它曾经是一个有相当精确含义的概念。当涂尔干（E. Durkheim）提出这个概念时，它构成了一个假说的核心，该假说旨在用社会学术语解释自杀发生率中反复出现的统计规律。它成为最富成果和想象力的社会学假说的一个象征。但是涂尔干自己的“失范”概念已经有了特定的评价意味。自杀研究在某种意义上标志着一个转折点，在这个转折点上，涂尔干和他前后的许多人一样，从对人类进步充满信心和希望的态度，转变为对社会发展的进步性日益怀疑的态度。他所处时代的许多事件，其中包括日益加剧的工业冲突，动摇了涂尔干对进步的必然性的坚定信念，并使之产生了一定程度的幻灭。人类的状况并没有像人们所希望的那样不断改善，反而在某些方面实际上变得更糟了。如果将涂尔干的社会发展观与上一代的社会学家比较，我们就会发现观点氛围的变化。孔德（A. Comte），尤其是斯宾塞（H. Spencer），似乎依然只看到了“工业社会”会带给人类的益

163 处。在涂尔干所处的那个时代，这个信念受到了严重的动摇。巨大的困难、紧张和冲突，这些工业化进程的常规特征变得更加明显了。

社会学的自杀研究似乎为直到那时仍停留在印象水平的认识提供了明确的科学证据。它明确无误地表明，从长期来看，自杀率的变化趋势在上升。按照涂尔干的观点，只有社会条件的变化才能导致自杀率的上升，而“失范”是这些条件之一，所以他的整个论述暗含了“失范”本身在增加。与过去相比，尽管有工业进步，或者正是因为工业进步，条件似乎恶化了。因此从一开始，“失范”就有特定的评价意涵。它的底色是对所生活的工业化城市社会的幻灭感。它暗示着条件已经恶化了，包含一种模糊的感觉，即它们正在变得比以前更糟，过去一定比现在好。这种对业已失去的、不曾有过“失范”的美好过去——但它从未存在过——的憧憬，从那时起就伴随着“失范”这一概念。

此外，这个词从一开始就具有明确的道德内涵。尽管无论是涂尔干还是那些在他之后使用这个词的人，从来没有确定地和清晰地描绘出一幅与“失范”相反的图景，但人们似乎普遍认为它的本质特征是凝聚力。由于人们的研究兴趣通常集中在自己所遭受的困难，对那些没有呈现出任何困难的社会现象会相对漠视，极少有研究（如果有的话）专门投注在无失范（non-anomic）的群体，因为他们没有失范。“合范”和社会凝聚力常常被隐含地、简单地视为道德因素，一种积极的、好的东西，与“失范”和“缺乏凝聚力”相对。后者在过去不被认为主要是一种特定的社会构型，而被视为一种道德批评，可能现在依然如此。

也许，对现在和过去像温斯顿帕尔瓦“村庄”这样没有“失范”的 164
社区进行详细调查，可以渐渐地、更事实性地评估“失范”“缺乏凝聚力”这样的概念所指的状况，并导向一种方法，使得对联系和解释的寻求优先于情感评价和道德谴责。在“村庄”这样的事例中，如人们看到的，无论相对高的凝聚力还有其他什么社会功能，它是一个社区具有优势社会权力和地位的一个重要因素。对既有规范的高度服从，这一“村庄”生活的“合范”特征，是缘于一种混合，一部分是强有力的核心群体全心全意地信仰“村庄”精神的价值，另一部分是这个领导群体的成员及社区中众多追随者对彼此及潜在的反对者和越轨者实施的强制控制。反对派和不服从者尽可能地受到压制或不被允许发声。如果社区领袖和他们的追随者谈到“村庄”，他们似乎经常压制与他们理想中的“村庄”形象不符的事实，甚至压制他们自己的意识。他们说得好像“村庄”事实上就像他们认为应该的那样，是一个和谐的、完全团结和完全美好的社区。“失范”这一概念经常被用来暗示人们心目中默认的反面形象，与“村民”核心群体心中默认的有关自身的美好形象并无二致。

关于自杀和相关现象，“失范”这一概念尽管具有强烈的评价内涵，还是起到了很好的作用。但是，随着时间推移，这个名称所指向的社会状况变得越来越不具体。“失范”这一术语，曾经被涂尔干富有成效地用作与一个解释假说相关的主要术语，可以通过进一步的经验研究得到检验，现在经常被用作对人们不赞成的社会行为或社会关系的最终解释。它大多带有公开的或隐含的不满或责备的意味。从广 165
义上说，今天常常使用的“失范”一词本身似乎就需要一个解释。

因此，感知和研究构型中的人的能力和将与当前主题无关的评价排除在研究之外的能力，这二者间存在着紧密的联系。不澄清与之对立的构型，不澄清无失范的状况，也就不能澄清“失范”的问题和概念，这一点已经很明显了。如果这么明显的一点还没有被清晰地看到，那是因为人们在选择值得或不值得研究的问题时，往往受制于自己对整个社会眼前问题的投入（involvement）。“失范”指一种形式的社会“功能失调”（malfunctioning），被认为是一个相当重要的话题，因此似乎值得研究。它的反面，“合范”，被视为“正常”（normal），意味着“一切都好”，因此似乎不会引起任何问题。从一开始，研究主题的选择就受到外来评价的影响，并且正如我们所看到，被认为是“坏的”比被认为是“好的”更容易优先成为研究主题。人们全神贯注于所有造成困难的问题，对看起来顺利的情况则不太费神去关心。人们对前者提出问题：“坏”的事情需要解释，“好”的事情显然不需要。因此，投入及由此派生出的评价往往使我们把不可分割的、相互依赖的现象视为分开的和独立的。因为那些对研究者来说可能与截然相反的价值相联系的现象，在功能上可能是相互依存的，被评断为“坏”的，可能出自被评断为“好”的，“好”的则可能出自“坏”的；所以除非我们能够退一步，除非我们能够系统地探究相互依存、探究构型，无论我们发现的相互依存的东西是否与我们有不同的价值，否则便很可能会将应在一起的东西分开。所举的例子已经足够清楚地说明了这一点。正是因为人们评价犯罪和越轨是“坏”的，遵从法律和规范是“好”的，“失范”是“坏”的，紧密的整合是“好”的，人们才倾向于认为它们是孤立的，从而单独地研究它们，这种孤立在实际观察中是不存在的。这就好像不研究健康状态的人，却想研究和试图找到对疾病的解释。从科学调查的角度看，这两种情况下的问题框架是相同的：没有理由将社会学调查局限于被评判为“功能失调”的部分，或者有时归为“反功能”（dysfunctions）的部分，将这部分群体与“机能正常”的群体割裂开来。如“村庄”和屋苑的例子所表明的，两者是同等相关的社会学问题。从实际观察到的来看，按照人们关注的是“反功能”或“正功能”来划分研究主题，是完全人为的。这意味着，由于赋予了它们不同的价值，所以将事实上紧密联系且经常是不可分割的问题，割裂开研究了。人们不能期望从我们评判为一个社会中“坏”的、“功能失调”的部分找到解释，如果我们不能同时解释什么是“好”的、“正常”的、“运作良好”的，反之亦然。许多建立在评价基础上的、与主题无关的其他划分也是如此，如认为在社会学上，多数人的评价比少数人的重要。在某些情况下，这种假设可能是对的，在另外一些情况则不然。何种情况下是对的，如调查所显示的，取决于整个构型。对外部群体的扭曲信念就是如此。如果持有这些信念的人很有权势，可以通过将外部群体排除在自己可以获得的机会之外来实现这种信念，我们就称之为“偏见”，并认为它非常值得研究，也许是希望最终能够对它做些什么。但可以肯定的是，如果孤立地研究“偏见”，不考虑它所处的整体构型，就不可能对它做任何事情。人们通常不会把相对弱小的群体有关外部群体的扭曲信念视为“偏见”，相对弱小的群体对他们的信念无能为力，这是我们需要用构型的框架代替割裂的分类的另一个例子。 166

最后，温斯顿帕尔瓦逐渐浮出水面的整个图景也是如此。当人们 167

变得相互依存，如果继续孤立地研究他们，并试图像对待分开的事物那样解释他们的群体分别，研究就注定会没有成果。如我们看到的，构型研究的目标不是要褒贬任何一方，或者研究可能被人们视为“反功能”的部分，如在人为孤立的背景下研究屋苑少数失序家庭。在这种情况下，研究的目的不是评价，而是尽可能地解释——解释构型中的人，无论从相互依存的角度，他们是相对“好些”还是“坏些”。没有对“村庄”人的构型的清晰理解，屋苑人的构型是不可理解的，反之亦然。独立于另一方，这两个群体分组就不会变成现在的样子。只有当他们是相互依存的，他们才会成长为建制者和外来者的角色。正是因为社会生活中的联系常常是在观察者的世界中带有不同甚至对立评价的现象间的联系，对它们的认识才需要相当程度的疏离（detachment）。

这里没有必要进一步讨论投入和疏离的问题，作为诺贝特·埃利亚斯构型理论的一部分，这一问题在其他地方已经讨论过。[1] 在本次考察中，我们已隐含地，有时甚至是明确地，运用了这一理论。将社会现象视为构型，并呈现出来，不是什么新鲜事。类似于“模式”（pattern）或“处境”（situation）这样的术语很大程度上指示的是同一方向。但是它们就像硬币一样，在人们手中流转很久，以至于人们在使用它们时，已经不太在意它们的内容和分量。当人们理所当然地如此看待这些概念，它们就暗含了许多仍然未被考察的东西。夹在斯库拉（Scylla）的整体论与卡律布狄斯（Charybdis）的原子论之间——

[1] N. Elias, “Problems of Involvement and Detachment”, *British Journal of Sociology*, 1956, VII, 3, pp. 226ff.

前者将社会模式或构型看成某种与个体分开的东西，后者则将它们视为数量庞大的单个原子——人们往往无法看清和说清这些术语的意思。

如果回顾整个研究，是否可以说它对澄清问题有所帮助？是否 168
所呈现出的这些群体分组是个体行动的总和，最初是独立的“自我”（Egos）和“另我”（Alters）在一个无人的岛上相遇，然后开始互动，形成社区或其他模式、处境、构型，所有这些都是从纯粹的、非社会的“个体性”（individuality）中额外派生出来的？人们所看到的是否符合行动理论及其他类似的原子论的假设，即社会学研究要从个体研究开始，甚至从更小的要素个体“行动”开始，这些作为原子形成了“终极现实”（ultimate reality），要探求复合体的性质就得回溯到它们——就像按照某种已经有些过时的理论，物理学的原子被视为“终极现实”，在物理学和化学中要探求分子之类复合体的属性，就得回溯到它们？在诸如温斯顿帕尔瓦这样的社区所观察到的构型，真的能在前社会的个体行动，在形成复合体之前的单个原子中找到解释吗？或者，换句话说，人们在温斯顿帕尔瓦发现的是一个“社会系统”，它的各部分完美和谐地结合在一起吗？“这个整体”是否代表了背后所有个体行动的“终极现实”？是否与“个体”分开作为一个独一无二的实体存在？

将这些理论建构与经验研究对照，更好地显示出了它们的人为性。不难看出，暗含在这些理论中的假设——无论是假定没有社会的个体或个体行动的存在，还是假定没有个体的社会的存在——都是虚构的。我们陷入了一个如此不真实的概念两极的陷阱——我们一次次被诱惑去谈论和思考，好像只要假设存在没有个体的社会，我们就可

以从没有社会的个体的假设中摆脱出来——但仅靠断言我们知道这个
169 两极是虚构的，是不能躲开这一陷阱的。[1] 许多语言的和语义的传统一次次地将我们的谈论和思考推向同一怪圈。甚至严格划分心理学和社会学这两门学科的学术体制——一个据说只关注“个体”，另一个据说只关注“社会”——也是基于这虚构的两极，因此一次又一次地复活了这两极。

在所有这些情况中，令人费解的是，我们坚持用二分法说话和思考，这一二分法充其量是一种拙劣的工作假设，显然与我们所能提供的任何证据都不相符，但由于几乎没有被明确说明，当然也没有被解释的原因，它似乎很难被替代。

然而，正如人们所看到的，原因很简单。在这种情况下，观察和研究的能力受到了先入为主的价值关切的干扰。在讨论“个体”与“社会”的关系时，似乎浮现在人们脑海中的永远不是事实问题，而是价值问题。他们提出并试图回答这样的问题，如“什么是第一位的？”“什么更重要？”“个人还是社会？”在这里，伪装成事实极性

---

[1] 我曾与爱德华·卡尔（E. H. Carr）讨论过这些问题，他很友好地私下承认（据我所知，没有公开表示过），我在为他澄清这些问题上提供了一些帮助。在已有的著述中，他在《历史是什么？》（*What Is History?*）中的道路与我最接近。但归根结底，他的论述并没有超出清楚地表明“个体”和“社会”这种传统的两极概念的荒谬性这一点。要使我们的标准思维形式摆脱这一陷阱，还需要更多的东西。只要整个社会中的权力斗争使许多人的思想被锁定在这种价值极性中，只要这种斗争使人们需要用当前的口号来断言“个体”比“社会”更重要，或者“社会”比“个体”更重要，那么这种解脱就大概是不可能的。然而，理论上的澄清可能会为冰封的两极逐渐解冻铺平道路，只有经验才能证明，在权力两极的情况下，超越相应的价值两极的思维方式能在多大程度上进入公众思维，但作为另一种活体实验，这种尝试似乎值得一试。

的价值极性同样是困难的根源。因为不同的人群对“个人”和“社会” 170
这两个符号所代表的价值有不同的理解，所以人们在谈论和思考时容易操纵它们，好像这两个概念指的是两个可以分开的东西。主张“个体”优先与主张“社会”优先的人之间旷日持久的争论，简单地说，就是以事实讨论为幌子，对两种信仰体系的争论。一种错误的概念化被整个社会的极化，如冷战的两极，固化为一种看似永恒的两极，其中“个体”和“社会”哪个具有更大或较小的重要性起着核心作用。告白自己的政治信仰是一回事，进行社会学调查是另一回事。在可观察的证据中，没有任何证据与这样对“个体”和“社会”的概念化相吻合，即在现实中存在没有社会的个体和没有个体的社会，它们以某种方式形成了分离的对象群体，可以分别研究，不用相互参照。

价值之争的事实基础是非常简单的。个体总是在构型中出现，个体的构型是不可化约的。从单个个体开始思考，好像他最初是独立于其他人的，或者从某地的单个个群（single individuals）出发，而不考虑他们之间的关系，这种虚构的出发点的顽固性不亚于假设社会生活是建立在个体缔结的契约的基础上，在此之前，这些个体要么独自生活在荒野之中，要么相互之间处于绝对的无序状态。说个体在构型中出现意味着，每一个社会学考察的起点都是众多的、以这样或那样的方式相互依存的个体。说构型是不可化约的意味着，既不能通过暗示它们以某种方式独立于个体存在来解释它们，也不能通过暗示个体以某种方式独立于它们存在来解释它们。

可能有人会认为，理论考量在经验调查结束时会有些不适宜
处。然而，或许这正是理论的用途之一。正是因为无论是原子论还 171

是整体论，作为经验研究的指南都不特别有用——前者如帕森斯（T. Parsons）的行动理论，尽管有种种限制性条件，处理个体行动好像它们是先于所有的相互依存存在；后者如某些当代的马克思主义，似乎关注的是没有个体的构型——诸如此类的理论考量在经验研究结束时才有了适用处。因为最终，检验一种社会学理论是富有成果还是贫瘠的关键，在于由其激发并以其为基础的经验调查是富有成果还是贫瘠的。在许多方面，温斯顿帕尔瓦的研究就是这样一种测试。它展示了一种正在发挥作用的构型理论。社区和街区是一种特定的构型类型。此项调查显示出了它们给予形成它们的个体的选择范围和限度。设想一下一个到屋苑或“村庄”定居的新来者。无论他是独自一人还是与家人一起来，他当然有许多选择。他可以像许多屋苑人那样“自己管好自己”。他可以与不受管束的少数混在一起。他可以尝试慢慢融入“村庄”社会。他可以迅速决定无论是“村庄”还是屋苑都不适合他，然后搬走。但是如果他留下来，如果他成为一个“邻居”，他就无法避免被拖入现有的构型问题。他的邻居们会开始“定位他”。迟早，他会受到“建制者”和“外来者”之间的紧张关系的影响。如果他在此地住了足够久，其社区的特性就会影响他的生活；他作为一分子所在的构型就会对他施加某些权力。如果他从孩童起就生活在温斯顿帕尔瓦，影响就会更强。这项研究至少指出了其中一种社区和街区结构影响在这里长大的年轻人个性发展的方式。从家庭认同到或多或少
172 的个体认同的发展是每一个人成长过程中的一个关键阶段。调查表明了，在不同结构的街区，这一阶段的模式可能有多么不同。它指出了一个家庭在一个街区地位次序中的位置与这个家庭的孩子自我形象成

长的相互作用。这说明了为什么每一个接受而未明确克服“个体”和“社会”习惯表述、没有对假定这两个“对象”间有事实上的分离何以无效进行解释的理论，是必然达不成它的任务的。青少年的认同问题是一个很小的例子，说明往往被归类为纯粹“个体”问题和纯粹“社会”问题的二者，实则是相互依存的。它再次表明了在整个调查过程中——无论是关注个体的发展，还是从更广阔的角度关注街区和社会的发展——显露出来的构型的过程特征。

毫无疑问，在许多方面，如本次调查所研究的构型对构成它的个体施加了一定程度的强迫。在提到特定情况时使用的“机制”或“陷阱”等表述就意在表明这种强迫力。坚持对社会的理论反思要以“个体本身”或“个体行动”为起点的人，其最强烈的动机之一似乎是希望坚定这样的主张，即“基本上”一个个体是“自由的”。人们在某种程度上厌恶这样一种观点，即“社会”，或者更不含糊地说，个体相互间形成的构型对形成它的个体施加了某种权力，限制了个体的自由。但是，无论我们的愿望如何，只要看看现有的证据，人们就不能摆脱这样的认识：构型限制了个体决策的范围，在很多方面具有强迫力，尽管这种力量并不像人们通常以为的那样存在于个体之外，而不过是个体间相互依存的结果。人们担心，只要说出这一事实、面对这一事实——个体的构型对形成它的个体有强迫力——就会魔法般地剥夺人们的自由；这正是阻碍人类减少这种强迫力的主要因素之一。因
为只有当我们更好地理解它的性质时，才能希望对它有所控制。也许 173
通过更好地理解在像建制者和外来者这样的构型中起作用的强迫力，人们就能及时地制定出可行的措施，对它加以控制。

附录一　认同的社会学方面 174

诺贝特·埃利亚斯

认同（identification）问题已经从不同角度被研究过了。西格蒙德·弗洛伊德和乔治·米德（G. H. Mead）是20世纪第一批激发对这一问题的兴趣的人——弗洛伊德的贡献可以在《图腾与禁忌》（*Totem and Taboo*）、《群体心理学与自我分析》（*Group Psychology and the Analysis of the Ego*）及他的《精神分析引论新编》（*New Introductory Lectures on Psycho-Analysis*）和其他一些小论文中找到；米德的贡献可以在《心灵、自我与社会》（*Mind, Self and Society*）中找到。其他许多人追随他们的踪迹或者超越了他们，任何列举都是随意和武断的。但是以下文献公开或隐含地指出了认同机制的社会学意义，提及它们应该是有益的。

S. H. 福克斯：《论内向投射》（S. H. Foulkes, “On Introjection”. *International Journal of Psycho-Analysis*, 1937, 18, pp. 260ff.）；

L. P. 霍尔特：《认同，社会学的一个关键概念》（L. P. Holt, “Identification, A Crucial Concept for Sociology”. *Bulletin of the Menninger Clinic*, 1950, 14, pp. 164ff.）；

L. P. 豪：《认同的一些社会学方面》(L. P. Howe, “Some Sociological Aspects of Identification”. *Psycho-Analysis and the Social Sciences*, Vol. IV, 1955, p. 61)；

E. H. 埃里克森：《自我认同的问题》(E. H. Erikson, “The Problem of Ego Identity”. *Journal of the American Psycho-Analytic Association*, 1956, 4, p. 56)；

E. H. 埃里克森：《青年路德》(E. H. Erikson, *Young Man Luther, A Study in Psycho-Analysis and History*, 1958, pp. 106ff.)。

路易莎·P. 豪对认同与社会继承之间联系的强调引起了我的注意，因为温斯顿帕尔瓦的经历让我注意到在那里存在同样的联系。在两个案例中，重点都是指向反对不加批判地将代际连续性归因为生物学的遗传机制，这种连续性可以很好地用社会学的继承机制(sociological mechanisms of inheritance)解释。路易莎·P. 豪对弗洛伊德生物学倾向的评论并非没有道理，且在这种背景下是有益的，尽管一个像弗洛伊德这样在19世纪接受过大量训练的人有这类生物学倾向是很可以理解的，而到20世纪中期，人们已经某种程度上更容易区分遗传的生物学和社会学形式，并对它们之间的相互作用进行了研究，这种生物学倾向依旧广泛传播和大受欢迎就有些费解了。

175 “令人惊讶地，”她在《认同的一些社会学方面》中写道，“弗洛伊德如此顽强地坚持他的原初谋杀(primal murder)思想，

> 并坚持认为对这一事件和其他‘历史’事件的无意识记忆是通过生物遗传传递的，而他自己却如此有洞察力地描述了通过认同发生的那种社会继承类型。”

社会继承的某些效果已经在前面讨论过，见有关偏见和歧视态度的代际传递及其增强效果的内容（第185—186页）。那里给出的例子指示的是同一方向：通过对被社会拒绝的、失序的外来者家庭的认同，外来者的怨恨实现了社会继承。它更全面地将认同与父母和子女的整个社会状况联系起来。它考虑到了人们眼中自己的形象和其他人眼中他们的形象之间的相互作用。认同问题的这一社会学扩展超越了个别儿童与他们父母的关系，关注到与他人关系中个体家庭的位置，尤其是地位位置。乍看之下，它可能使问题过于复杂化了。实际上，它简化了问题，尽管可能没有简化证据的收集。它更接近我们实际观察到的东西。

即使没有系统的研究，人们也很容易从日常生活中观察到，儿童形成中的自我形象不仅受到他们父母的经验的影响，还受到他们感知到的其他人对父母的评价和看法的影响。儿童的地位意识尽管可能更富幻想性，但如果有的话，甚至比成人的地位意识更强。一个人在孩 176
童时从自己家庭高地位的信念中所获得的保证，足以使其在后来的生活中充满自信，即使他的地位变得不稳固了或者已经降低了。同样，一个孩子低家庭地位的经验会在他的自我形象和后来生活的自信中留下痕迹。正是这一更宽泛意义上的认同与本文提出的问题相关，与其中的青少年越轨问题相关。

埃里克·H. 埃里克森在《青年路德》(及他的其他一些著述中),特别是106页以降的内容中讨论了青少年在寻求认同时面临的一系列问题。他也指出了需要进一步发展精神分析的认同概念:

> 精神分析强调和系统化了儿童和青春期时的性探索,详细阐述了性和攻击性驱力(sexual and aggressive drives)及其内容被压抑和伪装,随后在强迫行为和强迫性自我约束中再现的方式。但是精神分析没有描绘出,这些驱力及内容的强度和排他性在多大程度上归因于自我的突然贬值,以及塑造未来认同的可用建材的突然贬值。但是,孩子确实有他们的父母;如果他们还算合格,他们的存在将为孩子确定其生活任务的创造性范围和安全限度。

温斯顿帕尔瓦的两个工人阶级社区的比较表明,有必要对形成个人认同的社会构型做更细致的分类。在这一领域,传统的注意力同样局限于家庭关系,似乎家庭生活在社会真空中,这阻碍了我们的理解。不系统考察家庭类型和社区类型、系统考察孩子成长所处的地位次序,就不可能解决这些问题。

附录二 关于“社会结构”和“失范”概念的笔记

诺贝特·埃利亚斯

我们可以举出许多例子，在其中，“失范”被视为问题，而它的反面，“整合得好”的人，或无论称之为什么，则是看起来相对“没有问题的”“正常的”，或有时据暗示无需被研究的现象。

选择默顿（R. K. Merton）《社会结构和失范》这篇著名文章结语中的一段作为例子就足够了：

> 社会结构的最普遍功能之一就是为社会行为的可预测性和规律性提供基础，随着社会结构的这些要素越来越离析（dissociated），它的有效性就越来越有限。在极端的情况下，可预测性被降到最低，或可被恰当地称为失范或文化混乱的情况就取而代之了。[1]

在文章的结尾，默顿将“社会结构”和“失范”展示为对立的现象；它

[1] R. K. Merton, *Social Theory and Social Structure*, Glencoe, Ill., Free Press, 1963, p. 159.

们被塑造成一个连续体的对立两极："失范"盛行之处，就没有，或几乎没有"社会结构"；占据其位的是文化（可能还有社会）混乱；"社会行为的可预测性和规律性"大打折扣。

如我们看到的，这种"失范"概念与涂尔干的概念不同了。如果在涂尔干的自杀研究中"失范"有什么意味的话，它意味着"失范"是一种特殊的社会结构类型，而非一个社会现象连续体中与之对立的一极。

涂尔干论证道，当这种特殊的社会结构类型盛行时，他口中的失范型自杀率可能会很高。与默顿的观点（"失范"降低社会行为的可预测性）相反，涂尔干的理论暗示，更好地理解作为一种社会结构类型的"失范"，使得更好地预测和解释自杀率成为可能（在既定失范条件下，自杀率可能会很高）。

178 默顿有关"社会结构"和"失范"两极性的观点是基于一个相当普遍的误解。"社会结构"被等同于一种观察者认可的社会秩序类型，一种"良序"（good order）。因此，"失范"被认为是不可取的，与"良序"不相容，也似乎与"社会结构"不相容。"良序"被视为一种社会行为受到良好规管的社会秩序。将社会结构等同于"良序"就会导向一种假设：当"良序"意义上的"社会结构"让位于失范的"恶序"（bad order），社会行为的社会学规律性就减少。将社会学的"社会秩序"概念等同于日常生活中认为的"良序"，"社会行为规律性"这一社会学概念等同于"良好规管的行为"这样的评价性概念，就会产生语义上的困难，这一点可以看得很清楚了。此处与在他处一样，将与正在考虑的问题无关的评价性社会学诊断——他律评价（heteronomous evaluation）代入研究，是造成困难的根源。诸如“好”和“坏”这样的评价侵入社会学分析造成了尖锐的道德二分对立的印象，而事实调查最初揭示的仅是社会结构上的差异。在这方面，涂尔干的方法可作为一种矫正。它能够显示出，“未良好规管的”社会行为也有其特有的社会学规律性。将高自杀率评价为“坏”很容易。但要解释为什么某些社会的自杀率比其他社会高，则要困难得多。如果将此作为社会学的主要任务——如涂尔干做的，将不同的自杀率与不同的社会结构相联系——人们很快就会意识到，这些问题比“好”与“坏”的简单价值对立要复杂得多。例如，自杀率的稳定上升，可能被判断为“坏”的，但可能是与社会结构的变化相联系，如工业化，这时就很难同样评价为“坏”。因此，可以在较少外部评价干扰的意 179
义上，使用“社会结构”这个概念，很多人都在此意义上用过这个概念，默顿本人也用过，而不必用前面引文中默顿用的概念。社会结构可以指更紧密整合的，也可以指更松散整合的群体。只要结构差异和差异原因依然牢牢地在人们关注的中心，称前者是“整合得好的”（暗示认可），后者是“整合得差的”或者“离析的”（暗示不认可）就不会有什么害处。

无论是紧密整合的形式还是松散整合的形式，都提出了需要考察的问题。对温斯顿帕尔瓦“村庄”和屋苑的比较表明得很清楚。温斯顿帕尔瓦的所有部分，包括屋苑难管束的少数，都是“结构化”的部分。因此，它们都表现出一定程度的规律性和社会行为的可预测性。

在那篇论文的开头，默顿自己在更社会学的意义上使用了“社会结构”这个术语。在那里，他将“社会结构”表述为偏差行为的条件，并至少暗含了这也是遵从行为的条件。

> “我们的主要目的，”他写道，“是去发现一些社会结构如何对社会中的某些人施加明确的压力，使其从事非遵从的而不是遵从的行为。”

他还由于这句话，非常恰当地补充了一句：

> 我们的观点是社会学的。[1]

如果“社会结构”这一术语只大约等于“合范”的条件和行为，如果“失范”等于“无结构”的混乱，那么这一观点就不再是社会学的。只有当人们理解到不存在任何绝对意义上的混乱时，社会学才可以作为一门科学学科拥有自己的领域。无论在形成它的人眼中或者在观察
180 者眼中，多么无序和混乱，没有一个人类群体是没有结构的。但是也许这里不是扩展这一点的地方。

默顿用两种不同的且不完全兼容的方式使用“社会结构”一词——一个是作为可能的偏离行为的条件和失范的条件，一个是作为一个连续体的两极中与“失范”相对的一极。从一个人作为参与者的直接评价来看，鼓励更有序的行为的结构与鼓励更无序的行为的结构可能会被体验为相互独立的、不相容的两极。在社会学调查中，这两

---

[1] R. K. Merton, *Social Theory and Social Structure*, p. 132.

者可以作为同一水平的结构处理；在很多情况下，人们可以说明它们是相互依存的。温斯顿帕尔瓦的研究再次阐明了这一点。主要任务就是考察社区和它的各个部分是如何发生作用的、为什么它们以这种特殊的方式发生作用，以及为什么在社区内紧张会产生并持续。当这样做时，似乎不再像以前看起来那么简单，用非黑即白的设计——简单的“好”“坏”，对温斯顿帕尔瓦的不同部分做出判断。屋苑在很大程度上显示出人们所指的“失范”的条件。“村庄”则是一个“整合得好”的社区的例子。与经验调查所呈现出的生动和复杂的图景相比，用一般性的术语论断，一个群体的紧密整合是一种纯粹积极的性质，松散的整合则是一种纯粹消极的性质，就显得干瘪和简单化了。如“村庄”的例子表明的，紧密整合常常与一种特定的强制形式相连。它还可能与一种特定的压迫形式相连。社会凝聚力可能太少，也可能太多；同样，对遵从的压力可能太少，也可能太多。仅仅更多的经验调查就能帮助我们理解在我们冠以“紧密整合”之名的社区实际发生了什么，在这种情况下，“太多”和“太少”意味着什么。今天，人们很容易相信，在这些案例中使用的价值判断是完全独立于知识进步的。人们在论理时，常常就好像他们凭空获得了他们所坚持的价值 181
观。它们看起来是先验的，先于所有经验。我们绝非暗示仅从经验调查就可以派生出这些价值观，但我们可以肯定地说，它们不是独立于经验的。人的价值感随着他们生活条件的变化而变化，以及作为这些条件的一部分，随着人类知识的进步而变化。

在这种情况下，这一点不是不相关的。公理性地将紧密整合评价为无条件的“好”，这可以在事实调查的帮助下得到矫正。这可作为众多事例之一，说明在某一阶段被广泛接受为不证自明的评价可以受到知识进步的影响。需要更多的经验调查，比较具有不同程度凝聚力的社区以及它们对生活在那里的人的影响，才能合理地确定和评价其中哪些社区比另一些更好。今天，人类组织的社会还很不完善，我们对它们的无知是如此之大，以至于各种形式的功能失调及它所导致的苦难无处不在，同时又被广泛接受为是常规的和不可避免的。尽管今天所盛行的一般和抽象的道德判断形式可能会满足一个人的良心，但它们对引导长远眼光的行动没有什么帮助。只有在有关社会的事实知识有了很大改进后，我们才能希望采取更适当的行动。没有这些知识，不仅很难说从长远来看，哪些行动可能是“好”的，哪些会变“坏”，而且为改正那些被评价为“坏”的行动所采取的措施甚至可能会使情况更糟。

附录三　论“家庭”和“社区”的关系 182

诺贝特·埃利亚斯

温斯顿帕尔瓦“村庄”的一些显著特征与以前在其他社区观察到的特征相似。这一领域的先驱性研究之一是迈克尔·杨和彼得·威尔莫特合著的《东伦敦的家庭和亲属关系》，该书于 1957 年首版，修订版作为“鹈鹕丛书”中的一部于 1962 年出版。据我们所知，他们是率先指出“扩大家庭远没有消失，在伦敦中部依然非常活跃”的学者。[1]以中产阶级的“常规”家庭形象为样板，传统观点强调父亲作为一个家庭的中心人物的角色，他们则记录了这样的事实：在他们研究的工人阶级家庭中，母亲似乎是家庭的中心人物，这种家庭通常规模更大，结构也多少不同于经常被认为是“常规”的欧洲家庭类型。

作为对一系列极富想象力的观察的记录，杨和威尔莫特的研究开创了新局面。它代表了一个长期努力的第一步，未来可能有助于修正有关“常规”家庭结构和功能的传统图景——把核心家庭的概念作为全世界家庭的核心和本质就是该图景的一个例子。没有杨和威尔莫特在贝斯纳尔格林家庭研究中开创的先例，要理解温斯顿帕尔瓦“以母

[1] M. Young, P. Willmott, *Family and Kinship in East London*, p. 12.

亲为核心”的家庭就远没有那么容易。

但是在他们的研究中，概念化的敏锐配不上观察的敏锐。作者似乎自豪于他们只是“观察”，没有理论。事实上，他们的观察和其他人一样，都受到了特定理论观念的引导。他们的观察很可能受到了整个社会中某些一般观念的控制。这些观念没有被清晰地认识到，也未
183 被批判性地考察。作者似乎将他们的理论观念视为不证自明的。他们不认为根据事实观察，审查他们在进行观察时所使用的那些一般概念是其任务的一部分。

看看下面这一段，这似乎是他们对正在进行中的计划的总结：

> 在本书即将要结束的部分，我们已经逐渐从夫妇向外推到扩大型家庭，从扩大型家庭推到亲属网络，并且继而推到家庭与外部世界之间的某些关系。现在，我们将从经济关系转向社会关系，看看这个特定地方社区的人，在工厂之外，除了婚姻和血缘关系，是否还以其他方式相互联系着。[1]

没有必要对“经济”或“社会”这样的表达加以评论。它们表明了作者脑海中的那种分类方式。这段引文中列出的程序是很重要的。它表明，从夫妇或者在很多阶段看起来是社会宇宙中心的家庭向外推，直到被称为“外部世界”的外壳。这是一个以家庭为中心的理论框架，一种模糊的构想，与早期的地心宇宙观有几分相似——这一宇宙观认

[1] M. Young, P. Willmott, *Family and Kinship in East London*, p. 104.

为，地球是内核，外空是外壳。

以家庭为中心的社会概念在现有的有关家庭的社会学文献中并不罕见。因为人们可以把注意力集中于挑选出来的有关“家庭”的数据，家庭结构可以很突出，社会的其他方面的结构则被概括性地视为家庭“之外”的世界，依然处于模糊状态。在他们的观察中，杨和威尔莫特只受到以家庭为中心的社会观的轻微束缚。他们理所当然地认为，家庭有自己独立的结构。但他们并不特别关注对这个一般命题的考察。这也没有阻碍他们注意到家庭结构与社区结构之间存在的某种关系类型。但是由于他们没有反思这种关系的性质，他们在表达所观 184
察到的现象时，就出现了某些困难：

> 既然家庭生活在贝斯纳尔格林如此受欢迎，人们可能会期望它在各地都受欢迎。对亲属的依恋将以牺牲对他人的依恋为代价。但实际上，这似乎并没有发生。家庭非但没有排斥与外人的关系，它还作为一种重要手段，促成了与他人的关系……
>
> 只有当认识到长期居住是常态，类似的功能才可以被理解。在一般抽样中，53% 的人在贝斯纳尔格林出生。

因此，在这个案例中，与温斯顿帕尔瓦的情况一样，一种特定的家庭结构类型，即以母亲为中心的两到三代的亲属网络，与一种特定的社区结构类型相联系；它们在一个老工人阶级社区的框架内发展起来。可能在贝斯纳尔格林，妇女同样也外出工作。

但目前看来，杨和威尔莫特只是略微注意到社区结构。他们的注意力集中在家庭类型上。

这种方法带来的困难在伊丽莎白·博特（Elizabeth Bott）的《家庭和社会网络》一书中可以更直接地看到。引用下面两段就足以表明问题：

> 根据从研究家庭收集的事实，分析影响他们网络的模式是不可能的。要想仔细考虑这些因素，就需要超越田野数据，利用都市工业化社会的一般知识……
>
> 在家庭社会学的文献中，经常提到“社区中的家庭”，其含义是社区是一个有组织的群体，家庭被包含在其中。我们的数据表明，这一用语是有误导性的。当然，每个家庭必须生活在某一地方区域，但是极少有都市地方区域可以被称为社区，如果社区
> 185 的意思是他们形成了有凝聚力的社会群体。都市家庭的直接的社会环境最好不要被认为是他们所生活的地方区域，而是他们所保持的实际社会关系网络，无论这些关系是局限在当地还是超出了其边界。[1]

从这些段落中可以看出，作者不仅有“观察”家庭的强烈倾向，还想对家庭和社区关系所引起的一般问题进行反思。但是她的思考基本上还是完善许多社会学家庭研究中的一些共同的公理性信念，尤其是这一信念，即“家庭”有自身的结构，这一结构是基本的，且或多

---

[1] E. Bott, *Family and Social Network*, London, 1957, pp. 97–99.

或少独立于周围世界的结构。正如我们看到的，尽管所有的证据都表明，“家庭”的结构随着更大的社会的变迁而变迁，如日益增长的都市化和工业化，但这一信念依然持续。

这些段落所显示出的代表思路是一种思维循环性的特征。如果人们把特定的研究技术当作既定的和绝对的，并允许自己对所要发现的东西的概念依赖于这些技术的结果，而不考虑它们的局限性，那么这种思维的循环性就会产生。伊丽莎白·博特首先指出，她在研究中使用的数据收集技术使证据局限于特定的家庭；它们造成不能考虑在“研究家庭”之外的、对它们的结构有影响的因素。这非常合理地承认了研究方法的局限性，以及在这些方法的帮助下，使社会组织的某些部分成为研究焦点的局限性。但是，在承认这些局限性之后，作者继续说只有被她的研究方法带入焦点的对象才有牢固的结构及更广泛的群体分组，而家庭所生活的社区则没有可识别的结构。这是社会研究中常见错误的一个例子：在既定时期，借助于传统技术，社会的某些方面能够被揭示，其结构因此就或多或少地被视为社会的基本方面。在既定时期的技术下，其他不能被揭示的社会方面，则当然地被假定为缺乏任何牢固的组织或结构。通常，前 186
者被认为是社会事件流的有效决定因素，其他被认为没有牢固结构的，则多多少少被看成是被动地由它们决定的。由于伊丽莎白·博特收集的数据使得看起来只有家庭有牢固的结构，社区则没有，所以作者隐含地假定人们可以忽略社区作为结构化家庭的一个要素。温斯顿帕尔瓦“村庄”的例子表明，将社区作为一个有特定结构的单位，并不具有伊丽莎白·博特所认为的误导性，同时考察家庭和社区的结构是完全可能的。如果这样做了，它们结构的相互依存就会很快显现出来。

在定居的中产阶级街区，家庭结构和社区结构间的联系可能不像老工人阶级街区那么明显。不过，尽管在他们的案例中，家庭在定居区域以外有很多社会关系，但他们的街区也绝不是没有结构的。

部分参考文献

Aichhorn, A., *Wayward Youth*. London 1936.

Alexander, F., Healy, W., *Roots of Crime*. New York 1935.

Angell, R. C., *The Family Encounters the Depression*. New York 1936.

Bakke, E. W., *The Unemployed Man*. London 1933.

Bell, Lady, *At the Works: A Study of a Manufacturing Town*. London 1907.

Bendix, R., Concepts and Generalisations in Comparative Sociological Studies. *American Sociological Review*. Vol. 28, No. 4, 1963.

Bendix, R., *Max Weber*. London 1960.

Bernard, J., An Instrument for the Measurement of Neighbourhood with Experimental Applications. *South Western Social Science Quarterly*. September 1937.

Bloch, H. A., *Disorganisation: Personal and Social*. New York 1952.

Bloch, H. A., Niederhoffer, A., *The Gang*. New York 1958.

Blos, P., *The Adolescent Personality*. New York 1941.

Blumenthal, A., *Small Town Stuff*. Chicago 1933.

Booth, C., *Life and Labour of the People in London*. London 1902.

Bosanquet, H., *Rich and Poor*. London 1899.

Bott, E., *Family and Social Network*. London 1957.

Bowlby, J., *Maternal Care and Mental Health*. Geneva 1951.

Brennan, T., Cooney, E. W. and Pollins H., *Social Change in South West Wales*. London 1959.

Briggs, A., *Victorian Cities*. London 1963.

Burt, C., *The Young Delinquent*. London 1955.

Carr-Saunders, A. M., Mannheim, H. and Rhodes, E. C. *Young Offenders*. Cambridge 1942.

Chombart de Lauwe, P., *La Vie Quotidienne des Familles Ouorieres*. Centre de la recherche scientifique, Paris 1956.

Clement, P., Xydias, N., *Vienne sur le Rhone: La Ville et les Habitants situations et attitudes*. Paris 1955.

Cohen, A. K., *Delinquent Boys*. Glencoe 1955.

Cole, G. D. H., *Studies in Class Structure*. London 1955.

Coleman, J., *The Adolescent Society*. Glencoe, Ill. 1961.

Crutchfield, R. S., Conformity and Character. *Amencan Psychologist*. No. 10, 1955.

Dahrendorf, R., Sozialwissenschaft und Werturteil. In *Gesellschaft und Freiheit*. Munich 1961.

Davie, M. R., Pattern of Urban Growth. In Murdoch, G. R. (Ed.), *The Science of Society*. New Haven 1937.

Davis, K., Adolescence and the Social Structure. *The Annals of the American Academy of Political and Social Science*. Vol. 236, November 1944.

Davis, K., The Sociology of Parent-Youth Conflict. *American Sociological Review*. August 1940.

Durant, R., *Watling: A Survey of Social Life on a New Housing Estate*. London 1939.

Durkheim, E., *Suicide: A Study in Sociology*. London 1952.

Eisenstadt, S. N., *From Generation to Generation: Age Groups and Social Structure*. Glencoe, Ill. 1956.

Elias, N., Problems of Involvement and Detachment. *British Journal of Sociology*. Vol. VII, No. 3, 1956.

Elias, N., *Über den Prozess der Zivilisation*. Basle 1939.

Elias, N., *Die öffentliche Meinung in England*. Bad Homburg 1959.

Elias, N., *Nationale Eigentümlichkeiten der englischen öffentlichen Meinung*. In Vorträge, Hochschulwochen für staatswissenschaftliche Fortbildung in Bad Wildungen. Bad Homburg 1960 and 1961.

Eriksen, E. G., *Urban Behaviour*. London 1954.

Erikson, E. H., *Childhood and Society*. New York 1950.

Erikson, E. H., The Problem of Ego Identity. *Journal of the American Psycho-Analytic Association*. 1956.

Erikson, E. H., *Young Man Luther, A Study in Psycho-Analysis and History*. New York 1958.

Fellin, P. H., Litwak, E., Neighbourhood Cohesion and Mobility. *American Sociological Review*. Vol. 28, No. 3, 1963.

Firth, R. (Ed.), *Two Studies of Kinship in London*. London School of Economics. Monographs on Social Anthropology, No. 15. London 1956.

Fleming, C. M., *Adolescence*. London 1948.

Foulkes, S. H., On Introjection. *International Journal of Psycho-Analysis*. 1937.

Freud, S., *Group Psychology and the Analysts of the Ego*. London 1936.

Freud, S., *New Introductory Lectures on Psycho-Analysis*. London 1937.

Friedlander, K., *The Psycho-Analytic Approach to Juvenile Delinquency*. London 1947.

Gennep, A. van, *Rites of Passage*. London 1961.

Glass, D. V. (Ed.), *Social Mobility in Britain*. London 1954.

Glass, R., *The Social Background of a Plan*. London 1948.

Glueck, S. H., Glueck, E., *Delinquents in the Making*. New York 1952.

Glueck, S. H., Glueck, E., *Unravelling Juvenile Delinquency*. New York 1950.

Goldfarb, W., Effects of Psychological Deprivation in Infancy and Subsequent Stimulation. *American Journal of Psychiatry*. Vol. 102, No. 1, 1945.

Goldfarb, W., Psychological Privation in Infancy and Subsequent Adjustment. *American Journal of Orthopsychiatry*. Vol. XV, No. 2, 1945.

Gorer, G., *Exploring English Character*. London 1955.

Handlin, O., *The Uprooted*. Boston 1951.

Havighurst, R. J., Havighurst, H. T., *Adolescent Character and Personality*. New York 1949.

Hinkle, R. C., Antecedents of the Action Orientation in American Sociology before 1935. *American Sociological Review*. Vol. 28, No. 5, 1963.

Hodges, M. W., Smith, C. S., The Sheffield Estate. In Black, E. I, Simey, T. S. (Ed.), *Neighbourhood and Community*. Liverpool 1954.

Hollingshead, A., *Elmstown's Youth*. New York 1945.

Hunter, F., *Community Power Structure*. University of North-Carolina 1953.

Isaacs, S., *Social Development in Young Children*. London 1945.

Jephcott, A. P., *Some Young People*. London 1954.

Jouvenel, Bertrand de, *On Power*. Boston 1948.

Junod, H. A., *The Life of a South African Tribe I, Social Life*. London 1927.

Kardiner, A., *Psychological Frontiers of Society*. New York 1945.

Kerr, M., *The People of Ship Street*. London 1958.

Klineberg, O. How Far Can the Society and Culture of a People be Gauged through their Personality Characteristics. In Hsu, F. L. K. (Ed.), *Aspects of Culture and Personality*. New York 1954.

Kramer, D., Kramer, M. K., *Teen Age Gangs*. New York 1953.

Kuper, L., and others, *Living in Towns*. Birmingham 1950.

Lander, B., *Toward an Understanding of Juvenile Delinquency*. New York 1954.

Lévi-Strauss, C., The Family. In Shapiro, H. L. (Ed.), *Man, Culture and Society*. New York 1960.

Lewis, O., *Life in a Mexican Village*. University of Illinois 1951.

Lieberson, S., *Ethnic Patterns in American Cities*. New York 1963.

Lieberson, S., The Old-New Distinction and Immigrants in Australia. *American*

Sociological Review. Vol. 28, No. 4, 1963.

Linton, R., What We Know and What We Don't Know. In Hsu, F. L. K. (Ed.), *Aspects of Culture and Personality*. New York 1954.

Lipset, S. M., Bendix, R., *Social Mobility in Industrial Society*. London 1959.

Lockwood, D., *The Black Coated Worker*. London 1958.

Lynd, R. S., Lynd, H. M., *Middle Town*. New York 1950.

Lynd, R. S., Lynd, H. M., *Middle Town in Transition*. New York 1950.

Maine, H. S., *Village Communities in the East and West*. London 1872.

Mannheim, H., *Social Aspects of Crime in England*. London 1950.

Mayhew, H., *London Labour and the London Poor*. London 1851.

Mead, G. H., *Mind, Self and Society*. Chicago 1934.

Mead, M., *Growing up in New Guinea*. London 1954.

Merton, R. K., Social Structure and Anomie. In *Social Theory and Social Structure*, IV and V. Glencoe, Ill. 1957.

Merton, R. K., Patterns of Influence: A Study of Inter-Personal Influence and of Communication Behaviour in a Local Community. In Lazarsfeld, P. F., Stanton, F. N. (Ed.), *Communications Research 1948–1949*. New York 1949.

Mitchell, G. D., Lupton, T., The Liverpool Estate. In Black, E. L., Simey, T. S. (Ed.), *Neighbourhood and Community*. Liverpool 1954.

Mogey, J. M., *Family and Neighbourhood*. Oxford 1956.

Morris, T., *The Criminal Area*. London 1957.

Morrison, A., *A Child of the Jago*. London 1939.

Neumeyer, M. H., *Juvenile Delinquency in Modern Society*. New York 1949.

Nzekwu, O., *Blade Among the Boys*. London 1962.

Packer, E. L., Aspects of Working-Class Marriage. *Pilot Papers*. No. II, 1947.

Paneth, M., *Branch Street*. London 1944.

Parsons, T., Certain Primary Sources and Patterns of Aggression in the Social Structure of the Western World. In Mullahy, P. (Ed.), *A Study of Interpersonal Relations*. New York 1949.

Parsons, T., Bales, R. F, *Family Socialisation and Interaction*. Glencoe, Ill. 1955.

Piaget, J., *The Moral Judgement of the Child*. London 1950.

Radcliffe-Brown, A. R., *Structure and Function in Primitive Society*. London 1952.

Radcliffe-Brown, A. R., Forde, D. (Ed.), *African Systems of Kinship and Marriage*. London 1950.

Read, M., *Children of their Fathers*. London 1959.

Redfield, R., *The Little Community*. Chicago 1955.

Scott, J. F., The Changing Foundations of the Parsonian Action Scheme. *American Sociological Review*. Vol. 28, No. 5, 1963.

Seeley, J. R., *Crestwood Heights*. London 1956.

Self, P. J. P., Voluntary Organisations in Bethnal Green. In Bourdillon, A. F. C. (Ed.), *Voluntary Social Services*.

Sherif, M., *The Psychology of Social* Norms. New York 1936.

Sinclair, R., *East London*. London 1950.

Slater, E., Woodside, M., *Patterns of Marriage*. London 1951.

Spaulding, C. H. B., Cliques, Gangs and Networks. *Sociology and Social Research*. XXXII, 1948.

Sprott, W. J. H., *Human Groups*. London 1959.

Thrasher, F.M., *The Gang*. Chicago 1927.

Titmuss, R. M., *Essays on the Welfare State*. London 1958.

Titmuss, R. M., *Problems of Social Policy*. London 1950.

Townsend, P., *The Family Life of Old People*. London 1957.

Tumin, M. M., *Caste in a Peasant Society*. Princeton 1952.

U.N., *Report on the World Social Situation*. U.N., New York 1957 and 1961.

U.N.E.S.C.O., *The Social Implications of Industrialisation and Urbanisation*. Calcutta 1956.

Veblen, T. H. *The Theory of the Leisure Class*. New York 1934.

Vidich, A., Bensman J., *Small Town in Mass Society*. Princeton 1958.

Warner, W. L., Lunt, P. S., *The Social Life of a Modern Community*. New Haven 1941.

Warner, W. L., Lunt, P. S., *The Status System of a Modern Community*. New Haven 1947.

Warner, W. L., Havighurst, R. J., Loeb, M. B., *Who Shall Be Educated?* London 1946.

Weber, M. *The City*. London 1960.

Weber, M. *The Methodology of the Social Sciences*. (Trans. and ed. Shils, E. A., Finch, H. A.) Glencoe, Ill. 1949.

Whyte, W. F., *Street Corner Society*. Chicago 1943.

Williams, W. M., *The Sociology of an English Village: Gosforth*. London 1956.

Wilson, B. R., " Teenagers"' in *Twentieth Century*. August 1959.

Young, A. F., Weston, F. T., *British Social Work in the Nineteenth Century*. London 1956.

Young, A. F., Willmott, P., *Family and Kinship in East London*. London 1962.

索　引

（索引页码系原书页码，即本书页边码）

cohesion, social 社会凝聚力 5, 152, 153, 155, 160, 164f, 180f
community, sociological concept of 社区的社会学概念 5, 146ff, 159, 171, 176, 181, 182ff
community belief 社区信念 5f, 18, 56, 69, 124, 127f, 158f, 164
effect on communal beliefs of competition in closely-knit groups 紧密联结的群体内部的竞争对社区信念的影响 95
impervious to evidence 不受证据影响的 19, 97
另见 group charisma and group disgrace 群体卡里斯玛和群体蒙羞；established-outsider relationships 建制者—外来者关系；Zone 2, communal beliefs 第 2 区的社区信念
community development 社区发展 viii, 22, 38, 68, 69
另见 Winston Parva, development 温斯顿帕尔瓦的发展；Zone 1, development 第 1 区的发展；Zone 2, development 第 2 区的发展；Zone 3, development 第 3 区的发展
community leaders 社区领袖 26f, 61, 65ff
另见 Councillor Drew 德鲁议员；“old families”“老家庭”
community problems of new residents 新住户的社区问题 75ff, 81
另见 Zone 3 第 3 区；established-outsider relationships 建制者—外来者关系；immigrant groups 移民群体；mobility, social 社会流动
community spirit 社区精神 26, 69
另见 community belief 社区信念
community structure 社区结构 20ff, 180
and family structure 和家庭结构 44f, 182ff
另见 families 家庭；family structure 家庭结构；structure, social 社会结构
community structure 社区结构
见 Winston Parva, power elite, relatives, distribution of 温斯顿帕尔瓦权力精英的亲戚分布；Zone 1, family patterns 第 1 区的家庭模式；Zone 2, family patterns 第 2 区的家庭模式；Zone 3, family patterns 第 3 区的家庭模式
community studies 社区研究 10ff, 21ff
Comte, A. 奥古斯特・孔德 162
configurational analysis and synopsis 构型分析和概要 8ff, 21, 161, 167ff
configurations, social 社会构型 1, 3, 5, 9ff, 21f, 80, 120, 150, 153, 155f, 158, 165, 166, 167f, 176
tensions inherent in 社会构型中的内在紧张 156
process character of 社会构型的过程特征 80, 172
power of 社会构型的力量 172f
另见 development, social 社会发展；structure, social 社会结构
conformity, pressure for 遵从压力 5f, 38f, 69, 124, 152ff, 165, 180
另见 control, social 社会控制；“nomie”“合范”；norms 规范；Zone 2, conformity 第 2 区的遵从
conscience, formation in outsider groups 外来者群体的良知形成 78f, 101
另见 established-outsider relationships 建制者—外来者关系；delinquency 越轨；Zone 3, image 第 3 区的形象

control, social, in Winston Parva 温斯顿帕尔瓦的社会控制 17, 68, 69, 106, 137
in Zone 2 第 2 区的社会控制 38ff
Benevolent Committee as instrument of 慈善委员会作为社会控制的工具 61
of children 对孩子的社会控制 101
of outsiders 对外来者的社会控制 69, 75f
ostracism as means of 排斥作为社会控制的工具 39, 106
of young people 对年轻人的社会控制 116f, 137
另见 conformity, pressure for 遵从压力；gossip 闲言碎语
Councillor Drew 德鲁议员 26f, 60, 62f, 66f, 110, 123

delinquency 越轨 viif, 85, 106f, 121, 129ff, 137ff, 162
changing delinquency figures, explanation 对越轨数字变化的解释 140ff
community structure and delinquency 社区结构和越轨 113
psychological and sociological diagnosis 社会学和心理学对越轨的诊断 113
另见 families, disordered 失序家庭；gangs 帮派；identification 认同
development, social 社会发展 162
and social structure 社会发展和社会结构 12, 21ff, 69, 148
study of d. as integral part of community studies 发展研究作为社区研究不可或缺的部分 12, 21ff, 148
另见 Winston Parva 温斯顿帕尔瓦；Zone 1 第 1 区；Zone 2 第 2 区；Zone 3 第 3 区
Durkheim, E. 埃米尔·涂尔干 162ff, 178ff

Elias, N. 诺贝特·埃利亚斯 153n, 167
Erikson, E. H. E. H. 埃里克森 174f
established-outsider relationships 建制者—外来者关系 7, 17f, 20, 39, 69, 75f, 78, 98ff, 104, 148, 153ff, 158, 161, 171
of young people 年轻人的建制者—外来者关系 112, 116, 123, 129, 144
gangs as outsider groups 帮派作为外来者群体 119, 132
另见 gossip, 闲言碎语；Winston Parva, neighbourhood relations 温斯顿帕尔瓦的街区关系；Zone 2, relations with Zone 3 第 2 区与第 3 区关系；Zone 3, relations with Zone 2 第 3 区与第 2 区关系
"Estate", The "屋苑" 19ff
另见 Zone 3 第 3 区

families 家庭
disordered 失序家庭 7, 84ff, 98f, 107, 122, 132, 140ff, 175
middle-class 中产阶级家庭 25, 43, 161, 182
"mother-centred" "以母亲为中心" 的家庭 43ff, 55f, 182ff
"nuclear" "核心" 家庭 55, 182
"old" "老" 家庭 2f, 98, 103, 148f, 152ff
with 3 or more children 有 3 个或以上孩子的家庭 128
working class 工人阶级家庭 52ff, 161

dents 新住户的社区问题；established-outsider relationships 建制者—外来者关系；mobility, social 社会流动；Winston Parva, development 温斯顿帕尔瓦的发展；Zone 3, development 第 3 区的发展

industrialisation 工业化 20, 22, 156, 160, 185

另见 Winston Parva, factories 温斯顿帕尔瓦的工厂；urbanisation 城市化

Kerr, M. M. 科尔 45, 47

leisure 休闲

leisure-time activities of young people 年轻人的休闲时间活动 108ff, 130ff

leisure-time starvation of young people 年轻人的休闲时间饥荒 114ff

local associations as leisure-time activities 地方协会作为休闲活动 65

social groupings and leisure 社会分组和休闲 16ff

type of leisure-time activities in pre-industrial communities 前工业社区休闲活动类型 51

另见 associations, local 地方协会；gossip, entertainment value 闲言碎语的娱乐价值；Winston Parva, pubs 温斯顿帕尔瓦的酒吧；Zone 2, leisure activities 第 2 区的休闲活动

Merton, R. K. 罗伯特·默顿 177ff

minorities 少数群体

minority of disordered families 少数失序家庭 122, 135, 141ff, 179

minority of disordered youngsters 少数失序年轻人 116ff, 127ff, 135

"minority of the best" in the self-image of the established 建制者自我形象中"最优的少数" 104, 159

"minority of the worst" in outsider Image 外来者形象中"最劣的少数" 81f, 159

in Zone 1 第 1 区中的少数群体 7, 25, 30

in Zone 2 第 2 区中的少数群体 7, 30, 35, 86

in Zone 3 第 3 区中的少数群体 8, 77, 82, 84, 86, 122f, 135, 171

sociological significance 社会学意义 11, 86, 158

另见 established-outsider relationships 建制者—外来者关系；immigrant groups 移民群体

mobility, social 社会流动 157ff

migratory aspects of 社会流动的迁徙方面 69, 143, 156ff, 161ff

Morris, T. T. 莫里斯 139

networks 网络

individual family networks 个体家庭网络 44f, 80

networks of families 家庭网络 53, 80, 147, 154f

"old families" network "老家庭"网络 51ff, 66f, 80, 103, 150ff

"newness" "新"

as a factor of the community structure 作为社区结构的一个因素 2f, 16, 81, 148ff

as a sociological category 作为一个社会学范畴 2f, 12, 16, 21, 81, 149ff, 157f

另见 community problems of new resi-

性闲聊感到的羞耻 78, 79, 100ff
另见 conscience 良知
social power 社会权力，见 power, social 社会权力
social prejudice 社会偏见，见 prejudice, social 社会偏见
social configurations 社会构型，见 configurations, social 社会构型
social control 社会控制，见 control, social 社会控制
social structure 社会结构，见 structure, social 社会结构
sociological inheritance 社会学继承 120f, 143, 151, 174f
sociological procedures 社会学程序 viii, 3ff, 21ff, 109, 169f, 179, 185f
另见 configurational analysis and synopsis 构型分析和概要；statistical analysis 统计分析
Spencer H. 赫伯特・斯宾塞 162
status of zones in Winston Parva 温斯顿帕尔瓦各区的地位 1ff, 16, 17, 20, 28, 77ff
and gossip 和闲言碎语 101f
and power 和权力 41, 101f
as reflected in membership of local associations 在地方协会成员资格上的反映 56f
of families 家庭地位 56, 65ff, 100, 152, 172, 175
status differences 地位差异
as research problem 作为研究问题 2ff, 12, 21, 39, 81
frictions inherent in 地位差异中的内在摩擦 39, 41f
status hierarchy 地位等级体系 17, 28, 56, 120, 144, 154
status ideology 地位意识形态，见 community beliefs 社区信念；gossip 闲言碎语
status ranking 地位排名
in a community 在社区中 2f, 38f, 40, 41, 56, 80f, 144
status ranking, significance for young people 地位排名对年轻人的重要性 115, 175
theoretical aspects 理论方面 40, 101f
statistical analysis, problems of 统计分析的问题 4f, 6, 7, 8, 10f
limitations in studies of community development 社区发展研究中的局限 21
limitations in explaining status differences 解释地方差异上的局限 21

Townsend P. 彼得・汤森德 47

urbanisation 城市化 22, 95, 112, 161, 185

“village”“村庄”，见 Zone 2 第 2 区

Weber, M. 马克斯・韦伯 9
Willmott, P. 彼得・威尔莫特 182
Wilson, B. 布赖恩・威尔逊 ix
Wilson, Ch., founder of Winston Parva 查尔斯・威尔逊，温斯顿帕尔瓦的创建者 14
Winston Parva 温斯顿帕尔瓦
adult offences 成人犯罪 138f
“Battle of Winston Parva”“温斯顿帕尔瓦的斗殴” 83
class distribution 阶层分布 2ff, 28f
cinema 电影院 111ff
County Education Authority 县教育局

文
景

社科新知 文艺新潮

Horizon

建制者与外来者：社区问题的一项社会学考察

[德]诺贝特·埃利亚斯 [英]约翰·L. 斯科特森 著
方慧容 译

出 品 人：姚映然
责任编辑：顾逸凡
营销编辑：胡珍珍
封扉设计：陆智昌
美术编辑：安克晨

出　　品：北京世纪文景文化传播有限责任公司
(北京朝阳区东土城路8号林达大厦A座4A 100013)
出版发行：上海人民出版社
印　　刷：山东临沂新华印刷物流集团有限责任公司
制　　版：北京百朗文化传播有限公司

开 本：820mm×1280mm 1/32
印 张：8.375 字 数：169,000 插页：2
2025年7月第1版 2025年7月第1次印刷
定 价：65.00元
ISBN：978-7-208-19535-6/C·742

图书在版编目（CIP）数据

建制者与外来者：社区问题的一项社会学考察 /（德）诺贝特·埃利亚斯（Norbert Elias），（英）约翰·L. 斯科特森（John L. Scotson）著；方慧容译 . 上海：上海人民出版社，2025. -- ISBN 978-7-208-19535-6

Ⅰ . C912.83

中国国家版本馆 CIP 数据核字第 20257VM654 号

本书如有印装错误，请致电本社更换 010-52187586

THE ESTABLISHED AND THE OUTSIDERS

© Norbert Elias and John L. Scotson 1965

© Norbert Elias Foundation 1976, 1994

First published by Frank Cass & Co. Ltd, London, 1965 under the title

'Towards a theory of established–outsider relations'

Chinese simplified translation copyright © 2025 by Horizon Media Co., Ltd.,

A division of Shanghai Century Publishing Co., Ltd.

Published in agreement with Liepman AG Literary Agency,

through The Grayhawk Agency Ltd.

ALL RIGHTS RESERVED

社科新知 文艺新潮 | 与文景相遇